GRöLS Verlage

„BÜCHER SIND WIE FALLSCHIRME.
SIE NÜTZEN UNS NICHTS, WENN
WIR SIE NICHT ÖFFNEN."

Gröls Verlag

Redaktionelle Hinweise und Impressum

Das vorliegende Werk wurde zugunsten der Authentizität sehr zurückhaltend bearbeitet. So wurden etwa ursprüngliche Rechtschreibfehler *nicht* systematisch behoben, denn kleine Unvollkommenheiten machen das Buch – wie im Übrigen den Menschen – erst authentisch. Mitunter wurden jedoch zum Beispiel Absätze behutsam neu getrennt, um den Lesefluss zu erleichtern.

Um die Texte zu rekonstruieren, werden antiquarische Bücher von Lesegeräten gescannt und dann durch eine Software lesbar gemacht. Der so entstandene Text wird von Menschen gegengelesen und korrigiert – hierbei treten auch Fehler auf. Wenn Sie ebenfalls antiquarische Texte einreichen möchten, finden Sie weitere Informationen auf www.groels.de

Viel Freude bei der Lektüre wünscht Ihnen das Team des Gröls-Verlags.

Adressen

Verleger: Sophia Gröls, Im Borngrund 26, 61440 Oberursel

Externer Dienstleister für Distribution & Herstellung: BoD, In de Tarpen 42, 22848 Norderstedt

Unsere „Edition | Werke der Weltliteratur“ hat den Anspruch, eine der größten und vollständigsten Sammlungen klassischer Literatur in deutscher Sprache zu sein. Nach und nach versammeln wir hier nicht nur die „üblichen Verdächtigen“ von Goethe bis Schiller, sondern auch Kleinode der vergangenen Jahrhunderte, die – zu Unrecht – drohen, in Vergessenheit zu geraten. Wir kultivieren und kuratieren damit einen der wertvollsten Bereiche der abendländischen Kultur. Kleine Auswahl:

Francis Bacon • Neues Organon • **Balzac** • Glanz und Elend der Kurtisanen • **Joachim H. Campe** • Robinson der Jüngere • **Dante Alighieri** • Die Göttliche Komödie • **Daniel Defoe** • Robinson Crusoe • **Charles Dickens** • Oliver Twist • **Denis Diderot** • Jacques der Fatalist • **Fjodor Dostojewski** • Schuld und Sühne • **Arthur Conan Doyle** • Der Hund von Baskerville • **Marie von Ebner-Eschenbach** • Das Gemeindekind • **Elisabeth von Österreich** • Das Poetische Tagebuch • **Friedrich Engels** • Die Lage der arbeitenden Klasse • **Ludwig Feuerbach** • Das Wesen des Christentums • **Johann G. Fichte** • Reden an die deutsche Nation • **Fitzgerald** • Zärtlich ist die Nacht • **Flaubert** • Madame Bovary • **Gorch Fock** • Seefahrt ist not! • **Theodor Fontane** • Effi Briest • **Robert Musil** • Über die Dummheit • **Edgar Wallace** • Der Frosch mit der Maske • **Jakob Wassermann** • Der Fall Maurizius • **Oscar Wilde** • Das Bildnis des Dorian Grey • **Émile Zola** • Germinal • **Stefan Zweig** • Schachnovelle • **Hugo von Hofmannsthal** • Der Tor und der Tod • **Anton Tschechow** • Ein Heiratsantrag • **Arthur Schnitzler** • Reigen • **Friedrich Schiller** • Kabale und Liebe • **Nicolo Machiavelli** • Der Fürst • **Gotthold E. Lessing** • Nathan der Weise • **Augustinus** • Die Bekenntnisse des heiligen Augustinus • **Marcus Aurelius** • Selbstbetrachtungen • **Charles Baudelaire** • Die Blumen des Bösen • **Harriett Stowe** • Onkel Toms Hütte • **Walter Benjamin** • Deutsche Menschen • **Hugo Bettauer** • Die Stadt ohne Juden • **Lewis Caroll** • *und viele mehr….*

Heinrich Heine

Gedichte

Eine Auswahl

Inhalt

Einem Abtrünnigen

O des heilgen Jugendmutes!
O, wie schnell bist du gebändigt!
Und du hast dich, kühlern Blutes,
Mit den lieben Herrn verständigt.

Und du bist zu Kreuz gekrochen,
Zu dem Kreuz, das du verachtest,
Das du noch vor wenig Wochen
In den Staub zu treten dachtest!

O, das tut das viele Lesen
Jener Schlegel, Haller, Burke –
Gestern noch ein Held gewesen,
Ist man heute schon ein Schurke.

Der neue Alexander

I

Es ist ein König in Thule, der trinkt
Champagner, es geht ihm nichts drüber;
Und wenn er seinen Champagner trinkt,
Dann gehen die Augen ihm über.

Die Ritter sitzen um ihn her,
Die ganze historische Schule;
Ihm aber wird die Zunge schwer,
Es lallt der König von Thule:

„Als Alexander, der Griechenheld,
Mit seinem kleinen Haufen,
Erobert hatte die ganze Welt,
Da gab er sich ans Saufen.

Ihn hatten so durstig gemacht der Krieg
Und die Schlachten, die er geschlagen;
Er soff sich zu Tode nach dem Sieg,
Er konnte nicht viel vertragen.

Ich aber bin ein stärkerer Mann
Und habe mich klüger besonnen:
Wie jener endete, fang ich an,
Ich hab mit dem Trinken begonnen.

Im Rausche wird der Heldenzug
Mir später weit besser gelingen;
Dann werde ich, taumelnd von Krug zu Krug,
Die ganze Welt bezwingen.“

II

Erster Feldzug

Da sitzt er und schwatzt, mit lallender Zung,
Der neue Alexander;
Den Plan der Welteroberung,
Den setzt er auseinander:

„Lothringen und Elsaß, das weiß ich längst,
Die fallen uns zu von selber;
Der Stute folgt am End der Hengst,
Es folgen der Kuh die Kälber.

Mich lockt die Champagne, das beßre Land,
Wo jene Reben sprießen,

Die lieblich erleuchten unsern Verstand
Und uns das Leben versüßen.

Hier soll sich erproben mein Kriegesmut,
Hier soll der Feldzug beginnen;
Es knallen die Pfropfen, das weiße Blut
Wird aus den Flaschen rinnen.

Hier wird mein junges Heldentum
Bis zu den Sternen moussieren!
Ich aber verfolge meinen Ruhm,
Ich will auf Paris marschieren.

Dort vor der Barriere mach ich Halt,
Denn vor den Barriere-Pforten
Da wird kein Oktroi bezahlt
Für Wein von allen Sorten."

III

„Mein Lehrer, mein Aristoteles,
Der war zuerst ein Pfäffchen
Von der französischen Kolonie,
Und trug ein weißes Beffchen.

Er hat nachher als Philosoph
Vermittelt die Extreme,
Und leider Gottes hat er mich
Erzogen nach seinem Systeme.

Ich ward ein Zwitter, ein Mittelding
Das weder Fleisch noch Fisch ist,
Das von den Extremen unsrer Zeit
Ein närrisches Gemisch ist.

Ich bin nicht schlecht, ich bin nicht gut,
Nicht dumm und nicht gescheute,

Und wenn ich gestern vorwärts ging,
So geh ich rückwärts heute.

Ein aufgeklärter Obskurant,
Und weder Hengst noch Stute!
Ja, ich begeistre mich zugleich
Für Sophokles und die Knute.

Herr Jesus ist meine Zuversicht,
Doch auch den Bacchus nehme
Ich mir zum Tröster, vermittelnd stets
Die beiden Götterextreme.“

Aucassin und Nicolette
oder: Die Liebe aus der guten alten Zeit

Hast einen bunten Teppich ausgebreitet,
Worauf gestickt sind leuchtende Figuren.
Es ist der Kampf feindseliger Naturen,
Der halbe Mond, der mit dem Kreuze streitet.

Trompetentusch! Die Schlacht wird vorbereitet;
Im Kerker schmachten, die sich Treue schwuren;
Schalmeien klingen auf Provencer Fluren;
Auf dem Bazar Karthagos Sultan schreitet.

Freundlich ergötzt die bunte Herrlichkeit:
Wir irren, wie in märchenhafter Wildnis,
Bis Lieb und Licht besiegen Haß und Nacht.

Du, Meister, kanntest der Kontraste Macht,
Und gabst in schlechter, neuer Zeit das Bildnis
Von Liebe aus der alten, guten Zeit!

Babylonische Sorgen

Mich ruft der Tod – Ich wollt, o Süße,
Daß ich dich in einem Wald verließe,
In einem jener Tannenforsten,
Wo Wölfe heulen, Geier horsten
Und schrecklich grunzt die wilde Sau,
Des blonden Ebers Ehefrau.

Mich ruft der Tod – Es wär noch besser,
Müßt ich auf hohem Seegewässer
Verlassen dich, mein Weib, mein Kind,
Wenngleich der tolle Nordpol-Wind
Dort peitscht die Wellen, und aus den Tiefen
Die Ungetüme, die dort schliefen,
Haifisch' und Krokodile, kommen
Mit offnem Rachen emporgeschwommen –
Glaub mir, mein Kind, mein Weib, Mathilde,
Nicht so gefährlich ist das wilde,
Erzürnte Meer und der trotzige Wald,
Als unser jetziger Aufenthalt!
Wie schrecklich auch der Wolf und der Geier,
Haifische und sonstige Meerungeheuer:
Viel grimmere, schlimmere Bestien enthält
Paris, die leuchtende Hauptstadt der Welt,
Das singende, springende, schöne Paris,
Die Hölle der Engel, der Teufel Paradies –
Daß ich dich hier verlassen soll,
Das macht mich verrückt, das macht mich toll!

Mit spöttischem Sumsen mein Bett umschwirrn
Die schwarzen Fliegen; auf Nas und Stirn
Setzen sie sich – fatales Gelichter!
Etwelche haben wie Menschengesichter,
Auch Elefantenrüssel daran,

Wie Gott Ganesa in Hindostan. – -
In meinem Hirne rumort es und knackt,
Ich glaube, da wird ein Koffer gepackt,
Und mein Verstand reist ab – o wehe –
Noch früher als ich selber gehe.

Die Bergstimm'

Ein Reiter durch das Bergtal zieht
In traurig stillem Trab
„Ach, zieh ich jetzt wohl in Liebchens Arm
Oder zieh ich ins dunkle Grab?"
Die Bergstimm' Antwort gab:
„Ins dunkle Grab!"

Und weiter reitet der Reitersmann
Und seufzet schwer dazu
„So zieh ich nun hin ins Grab so früh,
Wohlan, im Grab ist Ruh'."
Die Stimme sprach dazu:
„Im Grab ist Ruh'."

Dem Reitersmann eine Träne rollt
Von der Wange kummervoll.
„Und ist nur im Grabe die Ruhe für mich,
So ist mir im Grabe wohl."
Die Stimme erwidert hohl:
„Im Grabe wohl!"

Bertha

Sie tat so fromm, sie tat so gut,
Ich glaubt einen Engel zu lieben;
Sie schrieb die schönsten Briefe mir,
Und konnt keine Blume betrüben.

In Bälde sollte Hochzeit sein,
Das hörten die lieben Verwandten,
Die Bertha war ein dummes Ding,
Denn sie folgte den Basen und Tanten.

Sie hielt nicht Treu, sie hielt nicht Schwur,
Ich hab es germ ihr vergeben;
Sie hätte in der Ehe sonst
Verbittert mir Lieben und Leben.

Denk ich nun an ein treulos Weib,
So denke an Bertha ich wieder,
Und habe nur noch einen Wunsch:
Sie komme recht glücklich nieder.

Burleskes Sonett

Wie nähm die Armut bald bei mir ein Ende,
Wüßt ich den Pinsel kunstgerecht zu führen
Und hübsch mit bunten Bildern zu verzieren
Der Kirchen und der Schlösser stolze Wände.

Wie flösse bald mir zu des Goldes Spende,
Wüßt ich auf Flöten, Geigen und Klavieren
So rührend und so fein zu musizieren,
Daß Herrn und Damen klatschten in die Hände.

Doch ach! mir Armen lächelt Mammon nie:
Denn leider, leider! trieb ich dich alleine,
Brotloseste der Künste, Poesie!

Und ach! wenn andre sich mit vollen Humpen
Zum Gotte trinken in Champagnerweine,
Dann muß ich dürsten, oder ich muß – pumpen.

Celimene

Glaube nicht, daß ich aus Dummheit
Dulde deine Teufeleien;
Glaub auch nicht, ich sei ein Herrgott,
Der gewohnt ist zu verzeihen.

Deine Nücken, deine Tücken
Hab ich freilich still ertragen.
Andre Leut an meinem Platze
Hätten längst dich tot geschlagen.

Schweres Kreuz! Gleichviel, ich schlepp es!
Wirst mich stets geduldig finden –
Wisse, Weib, daß ich dich liebe,
Um zu büßen meine Sünden.

Ja, du bist mein Fegefeuer,
Doch aus deinen schlimmen Armen
Wird geläutert mich erlösen
Gottes Gnade und Erbarmen.

Citronia

Das war in jener Kinderzeit,
Als ich noch trug ein Flügelkleid
Und in die Kinderschule ging,
Wo ich das Abc anfing –
Ich war das einzge kleine Bübchen
In jenem Vogelkäfigstübchen,
Ein Dutzend Mädchen allerliebst
Wie Vöglein haben dort gepiepst,
Gezwitschert und getiriliert,
Auch ganz erbärmlich buchstabiert.
Frau Hindermans im Lehnstuhl saß,
Die Brille auf der langen Nas
(Ein Eulenschnabel wars vielmehr),
Das Köpflein wackelnd hin und her,
Und in der Hand die Birkenrut,
Womit sie schlug die kleine Brut,
Das weinend kleine arme Ding,
Das harmlos einen Fehl beging –
Das Röcklein wurde aufgehoben
Nach hinten, und die kleinen Globen,
Die dort sich wölben, rührend schön,
Manchmal wie Rosen anzusehn,
Manchmal wie Lilien, wie die gelben
Violen manchmal, ach! dieselben
Sie wurden von der alten Frau
Geschlagen, bis sie braun und blau!
Mißhandelt und beschimpft zu werden,
Das ist des Schönen Los auf Erden.

Citronia hab ich genannt
Das wunderbare Zauberland,
Das ich einst bei der Hindermans

Erblickt im goldnen Sonnenglanz –
Es war so zärtlich ideal,
Zitronenfarbig und oval,
So anmutvoll und freundlich mild
Und stolz empört zugleich – dein Bild,
Du erste Blüte meiner Minne!
Es kam mir niemals aus dem Sinne.
Das Kind ward Jüngling und jetzunder
Bin ich ein Mann sogar – o Wunder,
Der goldne Traum der Kinderzeit
Taucht wieder auf in Wirklichkeit!
Was ich gesucht die Kreuz und Quer,
Es wandelt leiblich vor mir her,
Ich hauche ein der holden Nähe
Gewürzten Odem – doch, o wehe!
Ein Vorhang von schwarzbrauner Seide
Raubt mir die süße Augenweide!
Der dumme Lappen, der so dünne
Wie das Gewebe einer Spinne,
Verhüllet mir die Gloria
Des Zauberlands Citronia!

Ich bin wie König Tantalus,
Mich lockt und neckt zugleich Genuß:
Der Trunk, wonach die Lippen dürsten,
Entgleitet mir wie jenem Fürsten;
Die Frucht, die ich genösse gern,
Sie ist mir nah und doch so fern!
Ein Fluch dem Wurme, welcher spann
Die Seide, und ein Fluch dem Mann,
Dem Weber, welcher wob den Taft,
Woraus der dunkle schauderhaft
Infame Vorhang ward gemacht,
Der mir verfinstert alle Pracht

Und allen goldnen Sonnenglanz
Citronias, des Zauberlands.

Manchmal mit toller Fieberglut
Faßt mich ein Wahnsinnübermut.
O die verwünschte Scheidewand!
Es treibt mich dann, mit kecker Hand
Die seidne Hülle abzustreifen,
Nach meinem nackten Glück zu greifen.
Jedoch aus allerlei Rücksichten
Muß ich auf solche Tat verzichten.
Auch ist dergleichen Dreistigkeit
Nicht mehr im Geiste unsrer Zeit –
Es heiligt jetzt der Sitte Codex
Die Unantastbarkeit des Podex.

Nachwort

Unverblümt, an andern Orten,
Werdet Ihr in klaren Worten
Später ganz ausführlich lesen,
Was Citronia gewesen.
Unterdes – wer ihn versteht,
Einen Meister nie verrät –
Wißt Ihr doch, daß jede Kunst
Ist am End ein blauer Dunst.
Was war jene Blume, welche
Weiland mit dem blauen Kelche
So romantisch süß geblüht
In des Ofterdingen Lied?
Wars vielleicht die blaue Nase
Seiner mitschwindsüchtgen Base,
Die im Adelsstifte starb?

Mag vielleicht von blauer Farb
Ein Strumpfband gewesen sein,
Das beim Hofball fiel vom Bein
Einer Dame: – Firlefanz!
Honni soit qui mal y pense!

Deutschland

Ein Fragment

Sohn der Torheit! träume immer,
Wenn dirs Herz im Busen schwillt;
Doch im Leben suche nimmer
Deines Traumes Ebenbild!

Einst stand ich in schönern Tagen
Auf dem höchsten Berg am Rhein;
Deutschlands Gauen vor mir lagen,
Blühend hell im Sonnenschein.

Unten murmelten die Wogen
Wilde Zaubermelodein;
Süße Ahndungschauer zogen
Schmeichelnd in mein Herz hinein.

Lausch ich jetzt im Sang der Wogen,
Klingt viel andre Melodei:
Schöner Traum ist längst verflogen,
Schöner Wahn brach längst entzwei.

Schau ich jetzt von meinem Berge
In das deutsche Land hinab:

Seh ich nur ein Völklein Zwerge,
Kriechend auf der Riesen Grab.

Such ich jetzt den goldnen Frieden,
Den das deutsche Blut ersiegt,
Seh ich nur die Kette schmieden,
Die den deutschen Nacken biegt.

Narren hör ich jene schelten,
Die dem Feind in wilder Schlacht
Kühn die Brust entgegenstellten,
Opfernd selbst sich dargebracht.

O der Schande! jene darben,
Die das Vaterland befreit;
Ihrer Wunden heilge Narben
Deckt ein grobes Bettlerkleid!

Muttersöhnchen gehn in Seide,
Nennen sich des Volkes Kern,
Schurken tragen Ehrgeschmeide,
Söldner brüsten sich als Herrn.

Nur ein Spottbild auf die Ahnen
Ist das Volk im deutschen Kleid;
Und die alten Röcke mahnen
Schmerzlich an die alte Zeit:

Wo die Sitte und die Tugend
Prunklos gingen Hand in Hand;
Wo mit Ehrfurchtscheu die Jugend
Vor dem Greisenalter stand;

Wo kein Jüngling seinem Mädchen
Modeseufzer vorgelügt;

Wo kein witziges Despötchen
Meineid in System gefügt;

Wo ein Handschlag mehr als Eide
Und Notarienakte war;
Wo ein Mann im Eisenkleide,
Und ein Herz im Manne war. –

Unsre Gartenbeete hegen
Tausend Blumen wunderfein,
Schwelgend in des Bodens Segen,
Lind umspielt von Sonnenschein.

Doch die allerschönste Blume
Blüht in unsern Gärten nie,
Sie, die einst im Altertume
Selbst auf felsger Höh gedieh;

Die auf kalter Bergesfeste
Männer mit der Eisenhand
Pflegten als der Blumen beste –
Gastlichkeit wird sie genannt.

Müder Wandrer, steige nimmer
Nach der hohen Burg hinan,
Statt der gastlich warmen Zimmer,
Kalte Wände dich empfahn.

Von dem Wartturm bläst kein Wächter,
Keine Fallbrück rollt herab;
Denn der Burgherr und der Wächter
Schlummern längst im kühlen Grab.

In den dunkeln Särgen ruhen
Auch die Frauen minnehold;

Wahrlich hegen solche Truhen
Reichern Schatz denn Perl und Gold.

Heimlich schauern da die Lüfte
Wie von Minnesängerhauch;
Denn in diese heilgen Grüfte
Stieg die fromme Minne auch.

Zwar auch unsre Damen preis ich,
Denn sie blühen wie der Mai;
Lieben auch und üben fleißig
Tanzen, Sticken, Malerei;

Singen auch in süßen Reimen
Von der alten Lieb und Treu;
Freilich zweiflend im geheimen:
Ob das Märchen möglich sei?

Unsre Mütter einst erkannten,
Sinnig, wie die Einfalt pflegt,
Daß den schönsten der Demanten
Nur der Mensch im Busen trägt.

Ganz nicht aus der Art geschlagen
Sind die klugen Töchterlein,
Denn die Fraun in unsern Tagen
Lieben auch die Edelstein.

Fort, ihr Bilder schönrer Tage!
Weicht zurück in eure Nacht!
Weckt nicht mehr die eitle Klage
Um die Zeit, die uns versagt!

Im Dome

Des Oberkirchners Töchterlein
Führt' mich in die heiligen Hallen;
Ihr Haar war blond, ihr Wuchs war klein,
Ihr Tuch vom Halse gefallen.

Ich sah für einiger Groschen Preis
Die Gräber und Kreuze und Lichte
Im alten Dom; da ward mir heiß –
Ich sah in Elsbeths Gesichte.

Und schaute wieder hie und da
Die heiligen Kirchenmonstranzen;
Im Unterrock, Halleluja!
Die Weiber am Fenster tanzen.

Des Oberkirchners Töchterlein
Blieb mit mir zusammen stehen;
Sie hat ein Augenpaar gar fein,
Drin hab ich alles gesehen.

Des Oberkirchners Töchterlein
Führt' mich aus den heiligen Hallen;
Ihr Hals war rot, ihr Mund war klein,
Ihr Tuch vom Busen gefallen.

Duelle

Zwei Ochsen disputierten sich
Auf einem Hofe fürchterlich.
Sie waren beide zornigen Blutes,
Und in der Hitze des Disputes

Hat einer von ihnen, zornentbrannt,
Den andern einen Esel genannt.
Da „Esel“ ein Tusch ist bei den Ochsen,
So mußten die beiden John Bulle sich boxen.

Auf selbigem Hofe zu selbiger Zeit
Gerieten auch zwei Esel in Streit,
Und heftig stritten die beiden Langohren,
Bis einer so sehr die Geduld verloren,
Daß er ein wildes I-A ausstieß,
Und den andern einen Ochsen hieß.
Ihr wißt, ein Esel fühlt sich tuschiert,
Wenn man ihn „Ochse“ tituliert.
Ein Zweikampf, die beiden stießen
Sich mit den Köpfen, mit den Füßen,
Gaben sich manchen Tritt in den Podex,
Wie es gebietet der Ehre Kodex.

Und die Moral? Ich glaub, es gibt Fälle,
Wo unvermeidlich sind die Duelle;
Es muß sich schlagen der Student,
Den man einen dummen Jungen nennt.

Eduard

Panaschierter Leichenwagen,
Schwarzbehängte Trauerpferde!
Ihm, den sie zu Grabe tragen,
Glückte nichts auf dieser Erde.

War ein junger Mann. Er hätte
Gern wie andre sich erquicket

An dem irdischen Bankette,
Doch es ist ihm nicht geglücket.

Lieblich ward ihm eingeschenket
Der Champagner,
perlenschäumend;
Doch er saß, das Haupt gesenket,
Melancholisch ernst und träumend.

Manchmal ließ er in den Becher
Eine stille Träne fließen,
Während rings umher die Zecher
Ihre Lust erschallen ließen.

Nun geh schlafen! Viel freudsamer
Wachst du auf in Himmelssälen,
Und kein Weltrausch-
Katzenjammer
Wird dich dort wie andre quälen.

Epilog

Unser Grab erwärmt der Ruhm.
Torenworte! Narrentum!
Eine beßre Wärme gibt
Eine Kuhmagd, die verliebt
Uns mit dicken Lippen küßt
Und beträchtlich riecht nach Mist.
Gleichfalls eine beßre Wärme
Wärmt dem Menschen die Gedärme,
Wenn er Glühwein trinkt und Punsch
Oder Grog nach Herzenswunsch

In den niedrigsten Spelunken,
Unter Dieben und Halunken,
Die dem Galgen sind entlaufen,
Aber leben, atmen, schnaufen,
Und beneidenswerter sind,
Als der Thetis großes Kind –
Der Pelide sprach mit Recht:
Leben wie der ärmste Knecht
In der Oberwelt ist besser,
Als am stygischen Gewässer
Schattenführer sein, ein Heros,
Den besungen selbst Homeros.

Erinnerung

Übersetzt aus dem Englischen. Sentimental Magazine, Vol. XXXV.

Was willst du, traurig liebes Traumgebilde?
Ich sehe dich, ich fühle deinen Hauch!
Du schaust mich an mit wehmutvoller Milde;
Ich kenne dich, und ach! du kennst mich auch.

Ich bin ein kranker Jüngling jetzt, die Glieder
Sind lebensmatt, das Herz ist ausgebrannt,
Mißmut umflort mich, Kummer drückt mich nieder;
Viel anders wars, als ich dich einstens fand!

In stolzer Kraft, und von der Heimat ferne,
Ich jagte da nach einem alten Wahn;
Die Erd wollt ich zerstampfen, und die Sterne
Wollt ich entreißen ihrer Himmelsbahn. –

Frankfurt, du hegst viel Narrn und Bösewichter,
Doch lieb ich dich, du gabst dem deutschen Land
Manch guten Kaiser und den besten Dichter,
Und bist die Stadt, wo ich die Holde fand.

Ich ging die Zeil entlang, die schöngebaute,
Es war die Messe just, die Schacherzeit,
Und bunt war das Gewimmel, und ich schaute
Wie träumend auf des Volks Geschäftigkeit.

Da sah ich Sie! Mit heimlich süßem Staunen
Erblickt ich da die schwebende Gestalt,
Die selgen Augen und die sanften Braunen –
Es zog mich hin mit seltsamer Gewalt.

Und über Markt und Straßen gings, und weiter,
Bis an ein Gäßchen, schmal und traulich klein –
Da dreht sich um die Holde, lächelt heiter,
Und schlüpft ins Haus – ich eile hinterdrein.

Die Muhme nur war schlecht, und ihrem Geize
Sie opferte des Mädchens Blüten hin;
Das Kind ergab mir willig seine Reize,
Jedoch, bei Gott! es dacht nicht an Gewinn.

Bei Gott! auf andre Weiber noch als Musen
Versteh ich mich, mich täuscht kein glatt Gesicht.
So, weiß ich, klopft kein einstudierter Busen,
Und solche Blicke hat die Lüge nicht.

Und sie war schön! So hold ist nicht gewesen
Die Göttin, als sie stieg aus Wellenschaum.
Vielleicht war ***sie*** das wunderschöne Wesen,
Das ich geahnt im frühen Knabentraum!

Ich hab es nicht erkannt! Es war umnachtet
Mein Sinn, und fremder Zauber mich umwand.
Vielleicht das Glück, wonach ich stets geschmachtet,
Ich hielts im Arm – und hab es nicht erkannt!

Doch schöner war sie noch in ihren Schmerzen,
Als nach drei Tagen, die ich wundersüß
Verträumt an ihrem wundersüßen Herzen,
Der alte Wahn mich weiter eilen hieß;

Als sie, mit wild verzweifelnder Gebärde
Und aufgelöstem Haar, die Hände rang,
Und endlich niederstürzte auf die Erde,
Und laut aufweinend meine Knie umschlang!

Ach Gott! es hatte sich in meinen Sporen
Ihr Haar verwickelt – bluten sah ich sie –
Und doch riß ich mich los – und hab verloren
Mein armes Kind, und wieder sah ichs nie!

Fort ist der alte Wahn, jedoch das Bildnis
Des armen Kinds umschwebt mich, wo ich bin.
Wo irrst du jetzt, in welcher kalten Wildnis?
Dem Elend und dem Gram gab ich dich hin!

Rationalistische Exegese

Nicht *von* Raben, nein *mit* Raben
  Wurde Elias ernähret –
  Also ohne Wunder haben
  Wir die Stelle uns erkläret.

Ja anstatt gebratner Tauben,
  Gab man ihm gebratne Raben,

Wie wir deren selbst mit Glauben
Zu Berlin gespeiset haben.

An Hoffmann von Fallersleben

O Hoffmann, deutscher Brutus,
Wie bist du mutig und kühn,
Du setzest Läuse den Fürsten
In den Pelz, in den Hermelin.

Und wen es juckt, der kratzt sich,
Sie kratzen sich endlich tot,
Die sechsunddreißig Tyrannen,
Und es endigt sich unsere Not.

O Hoffmann, deutscher Brutus,
Von Fallersleben genannt,
Mit deinem Ungeziefer
Befreist du uns das Land.

Die Flucht

Die Meeresfluten blitzen,
Bestrahlt vom Mondenschein.
Im schwanken Kahne sitzen
Zwei Buhlen, die schiffen allein.

„Du wirst ja blaß und blasser,
Du Herzallerliebste mein!" –

„Geliebter! dort ruderts im Wasser,
Mein Vater holt uns ein.“ –

„Wir wollen zu schwimmen versuchen,
Du Herzallerliebste mein !“ –
„Geliebter! ich hör ihn schon fluchen,
Ich höre ihn toben und schrein.“ –

„Halt nur den Kopf in die Höhe,
Du Herzallerliebste mein!“ –
„Geliebter! Das Wasser, o wehe,
Dringt mir in die Ohren hinein.“ –

„Es werden steif mir die Füße,
O Herzallerliebste mein!“ –
„Geliebter, der Tod muß süße
In deinen Armen sein.“

Für das Album von Elisabeth Friedländer

Ich seh dich an und glaub es kaum –
Es war ein schöner Rosenbaum –
Die Lüfte stiegen mir lockend zu Häupten,
Daß sie mir zuweilen das Hirn betäubten –
Es blüht hervor die Erinnerung –
Ach! damals war ich närrisch und jung –
Jetzt bin ich alt und närrisch – Ein Stechen
Fühl ich im Aug – Nun muß ich sprechen
In Reimen sogar – es wird mir schwer, –
Das Herz ist voll, der Kopf ist leer!

Du kleine Cousinenknospe! es zieht
Bei deinem Anblick durch mein Gemüt

Gar seltsame Trauer, in seinen Tiefen
Erwachen Bilder die lange schliefen –
Sirenenbilder, sie schlagen auf
Die lachenden Augen, sie schwimmen herauf
Lustplätschernd – Die Schönste der Schar
Die gleicht dir selber auf ein Haar! –

Das ist der Jugend Frühlingstraum –
Ich seh dich an und glaub es kaum!
Das sind die Züge der teuren Sirene,
Das sind die Blicke, das sind die Töne –
Sie hat ein süßkrötiges Stimmelein,
Bezaubernd die Herzen groß und klein –
Die Schmeicheläuglein spielen ins Grüne,
Meerwunderlich mahnend an Delphine –
Ein bißchen spärlich die Augenbrau'n,
Doch hochgewölbt und anzuschaun
Wie anmutstolze Siegesbogen –
Auch Grübchenringe, lieblich gezogen,
Dicht unter dem Aug, in den rosigen Wänglein –
Doch leider weder Menschen noch Englein
Sind ganz vollkommen – Das herrlichste Wesen
Hat seine Fehler, wie wir lesen
In alten Märchen. Herr Lusignan,
Der einst die schönste Meerfee gewann,
Hat doch an ihr, in manchen Stunden,
Den heimlichen Schlangenschwanz gefunden.

In der Frühe

Meine gute, liebe Frau,
Meine gütge Frau Geliebte,

Hielt bereit den Morgenimbiß
Braunen Kaffee, weiße Sahne.

Und sie schenkt ihn selber ein,
scherzend, kosend, lieblich lächelnd.
In der ganzen Christenheit
Lächelt wohl kein Mund so lieblich!

Auch der Stimme Flötenton
Findet sich nur bei den Engeln,
Oder allenfalls hienieden
Bei den besten Nachtigallen.

Wie die Hände liljenweiß!
Wie das Haar sich träumend ringelt
Um das rosge Angesicht!
Ihre Schönheit ist vollkommen.

Heute nur bedünkt es mich
– Weiß nicht warum –,ein bißchen schmäler
dürfte ihre Taille sein,
Nur ein kleines bißchen schmäler.

An den Hofrat Georg S. in Göttingen

Stolz und gebietend ist des Leibes Haltung,
Doch Sanftmut sieht man um die Lippen schweben,
Das Auge blitzt, und alle Muskeln beben,
Doch bleibt im Reden ruhige Entfaltung.

So stehst du auf dem Lehrstuhl, von Verwaltung
Der Staaten sprechend, und vom klugen Streben
Der Kabinette, und von Völkerleben,
Und von Germaniens Spaltung und Gestaltung.

Aus dem Gedächtnis lischt mir nie dein Bild!
In unsrer Zeit der Selbstsucht und der Roheit
Erquickt ein solches Bild von edler Hoheit.

Doch was du mir, recht väterlich und mild,
Zum Herzen sprachst in stiller trauter Stunde,
Das trag ich treu im tiefen Herzensgrunde.

Guter Rat

Gib ihren wahren Namen immer
In deiner Fabel ihren Helden.
Wagst du es nicht, ergehts dir schlimmer:
Zu deinem Eselbilde melden
Sich gleich ein Dutzend graue Toren –
„Das sind ja meine langen Ohren!“
Ruft jeder, „dieses gräßlich grimme
Gebreie ist ja meine Stimme!
Der Esel bin ich! Obgleich nicht genannt,
Erkennt mich doch mein Vaterland,
Mein Vaterland Germania!
Der Esel bin ich! I-A! I-A!“ –
Hast einen Dummkopf schonen wollen,
Und zwölfe sind es, die dir grollen.

Hans ohne Land

Leb wohl, mein Weib, sprach Hans ohne Land,
Mich rufen hohe Zwecke;
Ein andres Weidwerk harret mein,
Ich schieße jetzt andre Böcke.

Ich laß dir mein Jagdhorn zurück, du kannst
Mit Tuten, wenn ich entfernet,
Die Zeit vertreiben; du hast ja zu Haus
Das Posthorn blasen gelernet.

Ich laß dir auch meinen Hund zurück,
Daß er die Burg behüte;
Mich selbst bewache mein deutsches Volk
Mit pudeltreuem Gemüte.

Sie bieten mir an die Kaiserkron,
Die Liebe ist kaum zu begreifen;
Sie tragen mein Bild in ihrer Brust
Und auf den Tabakspfeifen.

Ihr Deutschen seid ein großes Volk,
So simpel und doch so begabet!
Man sieht Euch wahrhaftig nicht an, daß Ihr
Das Pulver erfunden habet.

Nicht Kaiser, Vater will ich Euch sein,
Ich werde Euch glücklich machen –
O schöner Gedanke! er macht mich so stolz,
Als wär ich die Mutter der Gracchen.

Nicht mit dem Verstand, nein, mit dem Gemüt
Will ich mein Volk regieren;
Ich bin kein Diplomatikus
Und kann nicht politisieren.

Ich bin ein Jäger, ein Mensch der Natur,
Im Walde aufgewachsen
Mit Gemsen und Schnepfen, mit Rehbock und Sau,
Ich mache nicht Worte, nicht Faxen.

Ich ködre durch keine Proklamation,
Durch keinen gedruckten Lockwisch;
Ich sage: Mein Volk, es fehlt der Lachs,
Begnüge dich heut mit dem Stockfisch.

Gefall ich dir nicht als Kaiser, so nimm
Den ersten besten Lausangel;
Ich habe zu essen auch ohne dich,
Ich litt in Tirol nicht Mangel.

So red ich; doch jetzt, mein Weib, leb wohl!
Ich kann nicht länger weilen;
Des Schwiegervaters Postillion
Erwartet mich schon mit den Gäulen.

Reich mir geschwind die Reisemütz
Mit dem schwarz-rot-goldnen Bande –
Bald siehst du mich mit dem Diadem
Im alten Kaisergewande.

Bald schaust du mich in dem Pluvial,
Dem Purpurtalar, dem schönen,
Den weiland dem Kaiser Otto geschenkt
Der Sultan der Sarazenen.

Darunter trag ich die Dalmatika,
Worin gestickt mit Juwelen
Ein Zug von fabelhaftem Getier,
Von Löwen und Kamelen.

Ich trage die Stola auf der Brust,
Die ist gezieret bedeutsam
Mit schwarzen Adlern im gelben Grund;
Die Tracht ist äußerst kleidsam.

Leb wohl! Die Nachwelt wird sagen, daß ich
Verdiente, die Krone zu tragen –
Wer weiß? Die Nachwelt wird vielleicht
Halt gar nichts von mir sagen.

Der Hirtenknabe

König ist der Hirtenknabe,
Grüner Hügel ist sein Thron;
Über seinem Haupt die Sonne
Ist die große, goldne Kron.

Ihm zu Füßen liegen Schafe,
Weiche Schmeichler, rotbekreuzt;
Kavaliere sind die Kälber,
Und sie wandeln stolzgespreizt.

Hofschauspieler sind die Böcklein;
Und die Vögel und die Küh,
Mit den Flöten, mit den Glöcklein,
Sind die Kammermusici.

Und das klingt und singt so lieblich,
Und so lieblich rauschen drein
Wasserfall und Tannenbäume,
Und der König schlummert ein.

Unterdessen muß regieren
Der Minister, jener Hund,
Dessen knurriges Gebelle
Widerhallet in der Rund.

Schläfrig lallt der junge König:
„Das Regieren ist so schwer,
Ach, ich wollt, daß ich zu Hause
Schon bei meiner Kön'gin wär!

In den Armen meiner Kön'gin
Ruht mein Königshaupt so weich,
Und in ihren schönen Augen
Liegt mein unermeßlich Reich!"

Die Heimkehr

Mein Herz, mein Herz ist traurig,
doch lustig leuchtet der Mai;
ich stehe, gelehnt an der Linde,
hoch auf der alten Bastei.

Da drunten fließt der blaue
Stadtgraben in stiller Ruh;
ein Knabe fährt im Kahne,
und angelt und pfeift dazu.

Jenseits erheben sich freundlich,
in winziger, bunter Gestalt
Lusthäuser, und Gärten, und Menschen,
und Ochsen, und Wiesen, und Wald.

Die Mägde bleichen Wäsche,
und springen im Gras herum:
das Mühlrad stäubt Diamanten,
ich höre sein fernes Gesumm.

Am alten grauen Turme
ein Schilderhäuschen steht;
ein rotgeröckter Bursche
dort auf und nieder geht.

Er spielt mit seiner Flinte,
die funkelt im Sonnenrot,
er präsentiert und schultert –
ich wollt, er schösse mich tot.

(1823)

Erklärung

Herangedämmert kam der Abend,
Wilder toste die Flut,
Und ich saß am Strand, und schaute zu
Dem weißen Tanz der Wellen,
Und meine Brust schwoll auf wie das Meer,
Und sehnend ergriff mich ein tiefes
Heimweh
Nach dir, du holdes Bild,
Das überall mich umschwebt,
Und überall mich ruft,
Überall, überall,
Im Sausen des Windes, im Brausen des
Meeres,
Und im Seufzen der eigenen Brust.

Mit leichtem Rohr schrieb ich in den Sand:
„Agnes, ich liebe dich!“
Doch böse Wellen ergossen sich
Über das süße Bekenntnis
Und löschten es aus.
Zerbrechliches Rohr, zerstiebender Sand,
Zerfließende Wellen, euch trau ich nicht
mehr!
Der Himmel wird dunkler, mein Herz wird
wilder,
Und mit starker Hand, aus Norwegs
Wäldern,
reiß ich die höchste Tanne,
Und tauche sie ein
In des Ätnas glühenden Schlund, und mit
solcher
Feuergetränkten Riesenfeder
Schreib ich an die dunkle Himmelsdecke:
„Agnes, ich liebe dich!“

Jedwede Nacht lodert alsdann
Dort oben die ewige Flammenschrift,
Und alle nachwachsenden
Enkelgeschlechter
Lesen jauchzend die Himmelsworte:
„Agnes, ich liebe dich!“

Im Hafen

Glücklich der Mann, der den Hafen erreicht hat
Und hinter sich ließ das Meer und die Stürme

Und jetzo warm und ruhig sitzt
Im guten Ratskeller zu Bremen.

Wie doch die Welt so traulich und lieblich
Im Römerglas sich widerspiegelt,
Und wie der wogende Mikrokosmos
Sonnig hinabfließt ins durstige Herz!
Alles erblick ich im Glas,
Alte und neue Völkergeschichte,
Türken und Griechen, Hegel und Gans,
Zitronenwälder und Wachtparaden,
Berlin und Schilda und Tunis und Hamburg,
Vor allem aber das Bild der Geliebten,
Das Engelköpfchen auf Rheinweingoldgrund.

O, wie schön! wie schön bist du, Geliebte!
Du bist wie eine Rose!
Nicht wie die Rose von Schiras,
Die hafisbesungene Nachtigallbraut;
Nicht wie die Rose von Saron,
Die heiligrote, prophetengefeierte; –
Du bist wie die Ros im Ratskeller zu Bremen!
Das ist die Rose der Rosen,
Je älter sie wird, je lieblicher blüht sie,
Und ihr himmlischer Duft, er hat mich beseligt,
Er hat mich begeistert, er hat mich berauscht,
und hielt mich nicht fest, am Schopfe fest,
Der Ratskellermeister von Bremen,
Ich wäre gepurzelt!

Der brave Mann! wir saßen beisammen
Und tranken wie Brüder,
Wir sprachen von hohen, heimlichen Dingen,
Wir seufzten und sanken uns in die Arme,
Und er hat sich bekehrt zum Glauben der Liebe –

Ich trank auf das Wohl meiner bittersten Feinde,
Und allen schlechten Poeten vergab ich,
Wie einst mir selber vergeben soll werden –
Ich weinte vor Andacht, und endlich
Erschlossen sich mir die Pforten des Heils,
Wo die zwölf Apostel, die heilgen Stückfässer,
Schweigend predgen, und doch so verständlich
Für alle Völker.
Das sind Männer!
Unscheinbar von außen, in hölzernen Röcklein,
Sind sie von innen schöner und leuchtender
Denn all die stolzen Leviten des Tempels
Und des Herodes Trabanten und Höflinge,
Die goldgeschmückten und purpurgekleideten –
Hab ich doch immer gesagt,
Nicht unter ganz gemeinen Leuten,
Nein, in der allerbesten Gesellschaft,
lebte beständig der König des Himmels!

Halleluja! Wie lieblich umwehen mich
Die Palmen von Beth El!
Wie duften die Myrrhen vom Hebron!
Wie rauscht der Jordan und taumelt vor Freude! –
Auch meine unsterbliche Seele taumelt,
Und ich taumle mit ihr, und taumelnd
Bringt mich die Treppe hinauf, ans Tageslicht,
Der brave Ratskellermeister von Bremen.

Du braver Ratskellermeister von Bremen!
Siehst du, auf den Dächern der Häuser sitzen
Die Engel und sind betrunken und singen;
Die glühende Sonne dort oben
Ist nur eine rote, betrunkene Nase,
Die Nase des Weltgeists;

Und um diese rote Weltgeistsnase
Dreht sich die ganze betrunkene Welt.

Poseidon

Die Sonnenlichter spielten
Über das weithinrollende Meer;
Fern auf der Reede glänzte das Schiff,
Das mich zur Heimat tragen sollte;
Aber es fehlte an gutem Fahrtwind.
Und ich saß noch ruhig auf weißer Düne,
Am einsamen Strand,
Und ich las das Lied vom Odysseus,
Das alte, ewig junge Lied,
Aus dessen meerdurchrauschten Blättern
Mir freudig entgegenstieg
Der Atem der Götter,
Und der leuchtende Menschenfrühling,
Und der blühende Himmel von Hellas.

Mein edles Herz begleitete treulich
Den Sohn des Laertes, in Irrfahrt und Drangsal,
Setzte sich mit ihm, seelenbekümmert,
An gastliche Herde,
Wo Königinnen Purpur spinnen,
Und half ihm lügen und glücklich entrinnen
Aus Riesenhöhlen und Nymphenarmen,
Folgte ihm nach in kimmerische Nacht,
Und in Sturm und Schiffbruch,
Und duldete mit ihm unsägliches Elend.

Seufzend sprach ich: Du böser Poseidon,
Dein Zorn ist furchtbar,

Und mir selber bangt
Ob der eigenen Heimkehr.

Kaum sprach ich die Worte,
Da schäumte das Meer,
Und aus den Wellen stieg
Das schilfbekränzte Haupt des Meergotts,
Und höhnisch rief er:

Fürchte dich nicht, Poetlein!
Ich will nicht im geringsten gefährden
Dein armes Schiffchen,
Und nicht dein liebes Leben beängstgen
Mit allzu bedenklichem Schaukeln.
Denn du, Poetlein, hast mich nie erzürnt,
Du hast kein einziges Türmchen verletzt
An Priamos' heiliger Feste,
Kein einziges Härchen hast du versengt
Am Aug meines Sohnes Polyphemos,
Und dich hat niemals ratend beschützt
Die Göttin der Klugheit, Pallas Athene.

Also rief Poseidon
Und tauchte zurück ins Meer;
Und über den groben Seemannswitz
Lachten unter dem Wasser
Amphitrite, das plumpe Fischweib,
Und die dummen Töchter des Nereus.

Seekrankheit

Die grauen Nachmittagswolken
Senken sich tiefer hinab auf das Meer,
Das ihnen dunkel entgegensteigt,
Und zwischendurch jagt das Schiff.
Seekrank sitz ich noch immer am Mastbaum,
Und mache Betrachtungen über mich selber,
Uralte, aschgraue Betrachtungen,
Die schon der Vater Loth gemacht,
Als er des Guten zuviel genossen
Und sich nachher so übel befand.
Mitunter denk ich auch alter Geschichtchen:
Wie kreuzbezeichnete Pilger der Vorzeit,
Auf stürmischer Meerfahrt, das trostreiche Bildnis
Der heiligen Jungfrau gläubig küßten;
Wie kranke Ritter, in solcher Seenot,
Den lieben Handschuh ihrer Dame
An die Lippen preßten, gleich getröstet –
Ich aber sitze und kaue verdrießlich
Einen alten Hering, den salzigen Tröster
In Katzenjammer und Hundetrübsal!

Unterdessen kämpft das Schiff
Mit der wilden, wogenden Flut;
Wie'n bäumendes Schlachtroß, stellt es sich jetzt
Auf das Hinterteil, daß das Steuer kracht,
Jetzt stürzt es kopfüber wieder hinab
In den heulenden Wasserschlund,
Dann wieder, wie sorglos liebematt,
Denkt es sich hinzulegen
An den schwarzen Busen der Riesenwelle,
Die mächtig heranbraust,
Und plötzlich, ein wüster Meerwasserfall,

In weißem Gekräusel zusammenstürzt
Und mich selbst mit Schaum bedeckt.
Dieses Schwanken und Schweben und Schaukeln
Ist unerträglich!

Vergebens späht mein Auge und sucht
Die deutsche Küste. Doch ach! nur Wasser,
Und abermals Wasser, bewegtes Wasser!
Wie der Winterwandrer des Abends sich sehnt
Nach einer warmen, innigen Tasse Tee,
So sehnt sich jetzt mein Herz nach dir,
Mein deutsches Vaterland!
Mag immerhin dein süßer Boden bedeckt sein
Mit Wahnsinn, Husaren, schlechten Versen
Und laulich dünnen Traktätchen;
Mögen immerhin deine Zebras
Mit Rosen sich mästen statt Disteln;
Mögen immerhin deine noblen Affen
In müßigem Putz sich vornehm spreizen
Und sich besser dünken als all das andre
Banausisch dahinwandelnde Hornvieh;
Mag immerhin deine Schneckenversammlung
Sich für unsterblich halten,
Weil sie so langsam dahinkriecht,
Und mag sie täglich Stimmen sammeln,
Ob den Maden des Käses der Käse gehört?
Und noch lange Zeit in Beratung ziehen,
Wie man die ägyptischen Schafe veredle,
Damit ihre Wolle sich beßre
Und der Hirt sie scheren könne wie andre,
Ohn Unterschied –
Immerhin, mag Torheit und Unrecht
Dich ganz bedecken, o Deutschland!

Ich sehne mich dennoch nach dir:
Denn wenigstens bist du noch festes Land.

Sonnenuntergang

Die glühend rote Sonne steigt
Hinab ins weitaufschauernde,
Silbergraue Weltenmeer;
Luftgebilde, rosig angehaucht,
Wallen ihr nach; und gegenüber,
Aus herbstlich dämmernden Wolkenschleiern,
Ein traurig todblasses Antlitz,
Bricht hervor der Mond,
Und hinter ihm, Lichtfünkchen,
Nebelweit, schimmern die Sterne.

Einst am Himmel glänzten,
Ehlich vereint,
Luna, die Göttin, und Sol, der Gott,
Und es wimmelten um sie her die Sterne,
Die kleinen, unschuldigen Kinder.

Doch böse Zungen zischelten Zwiespalt,
Und es trennte sich feindlich
Das hohe, leuchtende Ehpaar.

Jetzt am Tage, in einsamer Pracht,
Ergeht sich dort oben der Sonnengott,
Ob seiner Herrlichkeit
Angebetet und vielbesungen
Von stolzen, glückgehärten Menschen.
Aber des Nachts,

Am Himmel, wandelt Luna,
Die arme Mutter,
Mit ihren verwaisten Sternenkindern,
Und sie glänzt in stiller Wehmut.

Und liebende Mädchen und sanfte Dichter
Weihen ihr Tränen und Lieder.
Die weiche Luna! Weiblich gesinnt,
Liebt sie noch immer den schönen Gemahl.
Gegen Abend, zitternd und bleich,
Lauscht sie hervor aus leichtem Gewölk,
Und schaut nach dem Scheidenden, schmerzlich,
Und möchte ihn ängstlich rufen: "Komm!
Komm! die Kinder verlangen nach dir –"
Aber der trotzige Sonnengott,
Bei dem Anblick der Gattin erglüht er
In doppeltem Purpur,
Vor Zorn und Schmerz,
Und unerbittlich eilt er hinab
In sein flutenkaltes Witwerbett.

Böse, zischelnde Zungen
Brachten also Verderben
Selbst über ewige Götter.
Und die armen Götter, oben am Himmel
Wandeln sie, qualvoll,
Trostlos unendliche Bahnen,
Und können nicht sterben,
Und schleppen mit sich
Ihr strahlendes Elend.

Ich aber, der Mensch,
Der niedriggepflanzte, der Tod-beglückte,
Ich klage nicht länger.

Der Helfer

Frohlockst, Plantagenet, und glaubst,
Daß du die letzte Hoffnung uns raubst,
Weil deine Knechte ein Grabmal fanden,
Worauf der Name „Arthur“ gestanden.

Arthur ist nicht gestorben, es barg
Nicht seinen Leichnam der steinerne Sarg.
Ich selber sah ihn vor wenig Tagen
Lebendigen Leibes im Walde jagen.

Er trug ein Kleid von grünem Samt,
Die Lippe lacht', das Auge flammt'.
Er kam mit seinen Jagdgenossen
Einhergeritten auf stolzen Rossen.

Wie allgewaltig sein Hifthorn schallt
Trara – trara – durch Tal und Wald!
Die Zauberklänge, die Wundertöne,
Sie sind verständlich für Cornwalls Söhne.

Sie melden: Die Zeit ist noch nicht da,
Doch kommt sie bald – Trara – trara!
Und König Arthur mit seinen Getreuen
Wird von den Normannen das Land befreien.

Doktrin

Schlage die Trommel und fürchte dich nicht,
Und küsse die Marketenderin!
Das ist die ganze Wissenschaft,
Das ist der Bücher tiefster Sinn.

Trommle die Leute aus dem Schlaf,
Trommle Reveille mit Jugendkraft,
Marschiere trommelnd immer voran,
Das ist die ganze Wissenschaft.

Das ist die Hegelsche Philosophie,
Das ist der Bücher tiefster Sinn!
Ich hab sie begriffen, weil ich gescheit,
Und weil ich ein guter Tambour bin.

Ein Weib

Sie hatten sich beide so herzlich lieb,
Spitzbübin war sie, er war ein Dieb.
Wenn er Schelmenstreiche machte,
Sie warf sich aufs Bett und lachte.

Der Tag verging in Freud und Lust,
Des Nachts lag sie an seiner Brust.
Als man ins Gefängnis ihn brachte,
Sie stand am Fenster und lachte.

Er ließ ihr sagen: O komm zu mir,
Ich sehne mich so sehr nach dir,
Ich rufe nach dir, ich schmachte –
Sie schüttelt' das Haupt und lachte.

Um sechse des Morgens ward er gehenkt,
Um sieben ward er ins Grab gesenkt;
Sie aber schon um achte
Trank roten Wein und lachte.

König David

Lächelnd scheidet der Despot,
Denn er weiß, nach seinem Tod
Wechselt Willkür nur die Hände,
Und die Knechtschaft hat kein Ende.

Armes Volk! wie Pferd' und Farrn
Bleibt es angeschirrt am Karrn,
Und der Nacken wird gebrochen,
Der sich nicht bequemt den Jochen.

Sterbend spricht zu Salomo
König David: Apropos,
Daß ich Joab dir empfehle,
Einen meiner Generäle.

Dieser tapfre General
Ist seit Jahren mir fatal,
Doch ich wagte den verhaßten
Niemals ernstlich anzutasten.

Du, mein Sohn, bist fromm und klug,
Gottesfürchtig, stark genug,
Und es wird dir leicht gelingen,
Jenen Joab umzubringen.

Der Asra

Täglich ging die wunderschöne
Sultanstocher auf und nieder
Um die Abendzeit am Springbrunn,
Wo die weißen Wasser plätschern.

Täglich stand der junge Sklave
Um die Abendzeit am Springbrunn,
Wo die weißen Wasser plätschern;
Täglich ward er bleich und bleicher.

Eines Abends trat die Fürstin
Auf ihn zu mit raschen Worten:
Deinen Namen will ich wissen,
Deine Heimat, deine Sippschaft!

Und der Sklave sprach: Ich heiße
Mohamet, ich bin aus Yemmen,
Und mein Stamm sind jene Asra,
Welche sterben, wenn sie lieben.

Auferstehung

Posaunenruf erfüllt die Luft,
Und furchtbar schallt es wider;
Die Toten steigen aus der Gruft,
Und schütteln und rütteln die Glieder.

Was Beine hat, das trollt sich fort,
Es wallen die weißen Gestalten
Nach Josaphat, dem Sammelort,
Dort wird Gericht gehalten.

Als Freigraf sitzet Christus dort
In seiner Apostel Kreise.
Sie sind die Schöppen, ihr Spruch und Wort
Ist minniglich und weise.

Sie urteln nicht vermummten Gesichts;
Die Maske läßt jeder fallen
Am hellen Tage des Jüngsten Gerichts,
Wenn die Posaunen schallen.

Das ist zu Josaphat im Tal,
Da steht die geladenen Scharen,
Und weil zu groß der Beklagten Zahl,
Wird hier summarisch verfahren.

Das Böcklein zur Linken, zur Rechten das Schaf,
Geschieden sind sie schnelle;
Der Himmel dem Schäfchen fromm und brav,
dem geilen Bock die Hölle!

Wo?

Wo wird einst des Wandermüden
Letzte Ruhestätte sein?
Unter Palmen in dem Süden?
Unter Linden an dem Rhein?

Werd ich wo in einer Wüste
Eingescharrt von fremder Hand?
Oder ruh ich an der Küste
Eines Meeres in dem Sand?

Immerhin! Mich wird umgeben
Gotteshimmel, dort wie hier,
Und als Totenlampen schweben
Nachts die Sterne über mir.

Wahrhaftig

Wenn der Frühling kommt mit dem Sonnenschein,
dann knospen und blühen die Blümlein auf;
Wenn der Mond beginnt seinen Strahlenlauf,
Dann schwimmen die Sternlein hintendrein;
Wenn der Sänger zwei süße Äuglein sieht,
Dann quellen ihm Lieder aus tiefem Gemüt; –
Doch Lieder und Sterne und Blümelein,
Und Äuglein und Mondglanz und Sonnenschein,
Wie sehr das Zeug auch gefällt,
So machts doch noch lang keine Welt.

Die Grenadiere

Nach Frankreich zogen zwei Grenadier,
Die waren in Rußland gefangen,
Und als sie kamen ins deutsche Quartier,
Sie ließen die Köpfe hangen.

Da hörten sie beide die traurige Mär:
Daß Frankreich verloren gegangen,
Besiegt und zerschlagen das große Heer –
Und der Kaiser, der Kaiser gefangen.

Da weinten zusammen die Grenadier
Wohl ab der kläglichen Kunde.
Der eine sprach: Wie weh wird mir,
Wie brennt meine alte Wunde!

Der andre sprach: Das Lied ist aus,
Auch ich möcht mit dir sterben,

Doch hab ich Weib und Kind zu Haus,
Die ohne mich verderben.

Was schert mich Weib, was schert mich Kind,
Ich trage weit beßres Verlangen;
Laß sie betteln gehn, wenn sie hungrig sind –
Mein Kaiser, mein Kaiser gefangen!

Gewähr mir, Bruder, eine Bitt:
Wenn ich jetzt sterben werde,
So nimm meine Leiche nach Frankreich mit,
Begrab mich in Frankreichs Erde.

Das Ehrenkreuz am roten Band
Sollst du aufs Herz mir legen;
Die Flinte gib mir in die Hand,
Und gürt mir um den Degen.

So will ich liegen und horchen still,
Wie eine Schildwach im Grabe,
Bis einst ich höre Kanonengebrüll
Und wiehernder Rosse Getrabe.

Dann reitet mein Kaiser wohl über mein Grab,
Viel Schwerter klirren und blitzen;
Dann steig ich gewaffnet hervor aus dem Grab –
Den Kaiser, den Kaiser zu schützen.

Das Sklavenschiff

2

Hoch aus dem blauen Himmelszelt
Viel tausend Sterne schauen,
Sehnsüchtig glänzend, groß und klug,
Wie Augen von schönen Frauen.

Sie blicken hinunter in das Meer,
Das weithin überzogen
Mit phosphorstrahlendem Purpurduft;
Wollüstig girren die Wogen.

Kein Segel flattert am Sklavenschiff,
Es liegt wie abgetakelt;
Doch schimmern Laternen auf dem Verdeck,
Wo Tanzmusik spektakelt.

Die Fiedel streicht der Steuermann,
Der Koch, der spielt die Flöte,
Ein Schiffsjung schlägt die Trommel dazu,
Der Doktor bläst die Trompete.

Wohl hundert Neger, Männer und Fraun,
Sie jauchzen und hopsen und kreisen
Wie toll herum; bei jedem Sprung
Taktmäßig klirren die Eisen.

Sie stampfen den Boden mit tobender Lust,
Und manche schwarze Schöne
Umschlingt wollüstig den nackten Genoß –
Dazwischen ächzende Töne.

Der Büttel ist maître des plaisirs,
Und hat mit Peitschenhieben

Die lässigen Tänzer stimuliert,
Zum Frohsinn angetrieben.

Und Dideldumdei und Schnedderedeng!
Der Lärm lockt aus den Tiefen
Die Ungetüme der Wasserwelt,
Die dort blödsinnig schliefen.

Schlaftrunken kommen geschwommen heran
Haifische, viele hundert;
Sie glotzen nach dem Schiff hinauf,
Sie sind verdutzt, verwundert.

Sie merken, daß die Frühstückstund
Noch nicht gekommen, und gähnen,
Aufsperrend den Rachen; die Kiefer sind
Bepflanzt mit Sägezähnen.

Und Dideldumdei und Schnedderedeng –
Es nehmen kein Ende die Tänze.
Die Haifische beißen vor Ungeduld
Sich selber in die Schwänze.

Ich glaube, sie lieben nicht die Musik,
Wie viele von ihrem Gelichter.
Trau keiner Bestie, die nicht liebt
Musik! sagt Albions großer Dichter.

Und Schnedderedeng und Dideldumdei –
Die Tänze nehmen kein Ende.
Am Fockmast steht Mynher van Koek
Und faltet betend die Hände:

„Um Christi willen verschone, o Herr,
Das Leben der schwarzen Sünder!

Erzürnten sie dich, so weißt du ja,
Sie sind so dumm wie die Rinder.

Verschone ihr Leben um Christi willn,
Der für uns alle gestorben!
Denn bleiben mir nicht dreihundert Stück,
So ist mein Geschäft verdorben.“

Das Hohelied

Des Weibes Leib ist ein Gedicht,
Das Gott der Herr geschrieben
Ins große Stammbuch der Natur,
Als ihn der Geist getrieben.

Ja, günstig war die Stunde ihm,
Der Gott war hochbegeistert;
Er hat den spröden, rebellischen Stoff
Ganz künstlerisch bemeistert.

Fürwahr, der Leib des Weibes ist
Das Hohelied der Lieder;
Gar wunderbare Strophen sind
Die schlanken, weißen Glieder.

O welche göttliche Idee
Ist dieser Hals, der blanke,
Worauf sich wiegt der kleine Kopf,
Der lockige Hauptgedanke!

Der Brüstchen Rosenknospen sind
Epigrammatisch gefeilet;

Unsäglich entzückend ist die Zäsur,
Die streng den Busen teilet.

Den plastischen Schöpfer offenbart
Der Hüften Parallele;
Der Zwischensatz mit dem Feigenblatt
Ist auch eine schöne Stelle.

Das ist kein abstraktes Begriffspoem!
Das Lied hat Fleisch und Rippen,
Hat Hand und Fuß; es lacht und küßt
Mit schöngereimten Lippen.

Hier atmet wahre Poesie!
Anmut in jeder Wendung!
Und auf der Stirne trägt das Lied
Den Stempel der Vollendung.

Lobsingen will ich dir, o Herr,
Und dich im Staub anbeten!
Wir sind nur Stümper gegen dich,
Den himmlischen Poeten.

Versenken will ich mich, o Herr,
In deines Liedes Prächten;
Ich widme seinem Studium
Den Tag mitsamt den Nächten.

Ja, Tag und Nacht studier ich dran,
Will keine Zeit verlieren;
Die Beine werden mir so dünn –
Das kommt vom vielen Studieren.

Im Mai

Die Freunde, die ich geküßt und geliebt,
Die haben das Schlimmste an mir verübt.
Mein Herze bricht; doch droben die Sonne,
Lachend begrüßt sie den Monat der Wonne.

Es blüht der Lenz. Im grünen Wald
Der lustige Vogelgesang erschallt,
Und Mädchen und Blumen, sie lächeln jungfräulich –
O schöne Welt, du bist abscheulich!

Da lob ich mir den Orkus fast;
Dort kränkt uns nirgends ein schnöder Kontrast;
Für leidende Herzen ist es viel besser
Dort unten am stygischen Nachtgewässer.

Sein melancholisches Geräusch,
Der Stymphaliden ödes Gekreisch,
Der Furien Singsang, so schrill und grell,
Dazwischen des Cerberus Gebell –

Das paßt verdrießlich zu Unglück und Qual –
Im Schattenreich, dem traurigen Tal,
In Proserpinens verdammten Domänen,
Ist alles im Einklang mit unseren Tränen.

Hier oben aber, wie grausamlich
Sonne und Rosen stechen sie mich!
Mich höhnt der Himmel, der bläulich und mailich –
O schöne Welt, du bist abscheulich!

Kalte Herzen

Als ich dich zum ersten Male
In der Welt von Pappe sah,
Spieltest du in Gold und Seide
Shylocks Tochter: Jessica.

Klar und kalt war deine Stimme,
Kalt und klar war deine Stirne,
Und du glichst, o Donna Clara,
Einer schönen Gletscherfirne.

Und der Jud verlor die Tochter,
Und der Christ nahm dich zum Weibe;
Armer Shylock, ärmrer Lorenz!
Und mir fror das Herz im Leibe.

Als ich dich zum andren Male
In vertrauter Nähe sah,
War ich dir der Don Lorenzo
Und du warst mir Jessica.

Und du schienst berauscht von Liebe,
Und ich war berauscht von Weine,
Küßte trunken deine Augen,
Diese kalten Edelsteine.

Plötzlich ward mir ehstandslüstern:
Hatte ich den Kopf verloren?
Oder war in deiner Nähe
Der Verstand mir nur erfroren?

Nach Sibirien, nach Sibirien!
Führte mich die Hochzeitsreise,
Einer Steppe glich das Ehbett,
Kalt und starr und grau von Eise.

In der Steppe lag ich einsam
Und mir froren alle Glieder,
Leise wimmern hört ich meine
Halberstarrten Liebeslieder.

Und ich darf ein schneeig Kissen
An das heiße Herz mir drücken.
Amor klappern alle Zähne,
Jessica kehrt mir den Rücken. –
Ach, und diese armen Kinder,
Meine Lieder, meine Witze,
Werden sämtlich nun geboren
Mit erfrorner Nasenspitze!

Meine Muse hat den Schnupfen
– Musen sind sensible Tiere –
Und sie sagt mir: Lieber Heinrich,
Laß mich ziehn, eh ich erfriere.

O, ihr kalten Liebestempel,
Matt erwärmt von Pfennigskerzen,
Warum zeigt mein Liebeskompaß
Nach dem Nordpol solcher Herzen?

Geträumtes Glück

Als die junge Rose blühte
Und die Nachtigall gesungen,
Hast du mich geherzt, geküsset,
Und mit Zärtlichkeit umschlungen.

Nun der Herbst die Ros entblättert
Und die Nachtigall vertrieben,
Bist du auch davon geflogen
Und ich bin allein geblieben.

Lang und kalt sind schon die Nächte –
Sag wie lange wirst du säumen?
Soll ich immer mich begnügen
Nur von altem Glück zu träumen?

Erinnerung aus Krähwinkels Schreckenstagen

Wir Bürgermeister und Senat,
Wir haben folgendes Mandat
Stadtväterlichst an alle Klassen
Der treuen Bürgerschaft erlassen.

Ausländer, Fremde, sind es meist,
Die unter uns gesät den Geist
Der Rebellion. Dergleichen Sünder,
Gottlob! sind selten Landeskinder.

Auch Gottesleugner sind es meist;
Wer sich von seinem Gotte reißt,
Wird endlich auch abtrünnig werden
Von seinen irdischen Behörden.

Der Obrigkeit gehorchen, ist
Die erste Pflicht für Jud und Christ.
Es schließe jeder seine Bude
Sobald es dunkelt, Christ und Jude.

Wo ihrer drei beisammen stehn,
Da soll man auseinander gehn.
Des Nachts soll niemand auf den Gassen
Sich ohne Leuchte sehen lassen.

Es liefre seine Waffen aus
Ein jeder in dem Gildenhaus;
Auch Munition von jeder Sorte
Wird deponiert am selben Orte.

Wer auf der Straße räsoniert,
Wird unverzüglich füsiliert;
Das Räsonieren durch Gebärden
Soll gleichfalls hart bestrafet werden.

Vertrauet Eurem Magistrat,
Der fromm und liebend schützt den Staat
Durch huldreich hochwohlweises Walten;
Euch ziemt es, stets das Maul zu halten.

Leib und Seele

Die arme Seele spricht zum Leibe:
Ich laß nicht ab von dir, ich bleibe
Bei dir – Ich will mit dir versinken
In Tod und Nacht, Vernichtung trinken!
Du warst ja stets mein zweites Ich,
Das liebevoll umschlungen mich,
Als wie ein Festkleid von Satin,
Gefüttert weich mit Hermelin –
Weh mir! jetzt soll ich gleichsam nackt,
Ganz ohne Körper, ganz abstrakt,
Hinlungern als ein selges Nichts

Dort oben in dem Reich des Lichts,
In jenen kalten Himmelshallen,
Wo schweigend die Ewigkeiten wallen
Und mich angähnen – sie klappern dabei
Langweilig mit ihren Pantoffeln von Blei.
O das ist grauenhaft; o bleib,
Bleib bei mir, du geliebter Leib!

Der Leib zur armen Seele spricht:
O tröste dich und gräm dich nicht!
Ertragen müssen wir in Frieden
Was uns vom Schicksal ward beschieden.
Ich war der Lampe Docht, ich muß
Verbrennen; du, der Spiritus,
Wirst droben auserlesen sein
Zu leuchten als ein Sternelein
Vom reinsten Glanz – Ich bin nur Plunder,
Materie nur, wie morscher Zunder
Zusammensinkend, und ich werde,
Was ich gewesen, eitel Erde.
Nun lebe wohl und tröste dich!
Vielleicht auch amüsiert man sich
Im Himmel besser als du meinst.
Siehst du den großen Bären einst
(Nicht Meyer-Bär) im Sternensaal,
Grüß ihn von mir vieltausendmal!

Lobgesänge auf König Ludwig

I

Das ist Herr Ludwig von Bayerland,
Desgleichen gibt es wenig';
Das Volk der Bavaren verehrt in ihm
Den angestammelten König.

Er liebt die Kunst, und die schönsten Fraun
Die läßt er porträtieren;
Er geht in diesem gemalten Serail
Als Kunst-Eunuch spazieren.

Bei Regensburg läßt er erbaun
Eine marmorne Schädelstätte,
Und er hat höchstselbst für jeden Kopf
Verfertigt die Etikette.

„Walhallagenossen“, ein Meisterwerk,
Worin er jedweden Mannes
Verdienste, Charakter und Taten gerühmt,
Von Teut bis Schinderhannes.

Nur Luther, der Dickkopf, fehlt in Wallhall,
Und es feiert Ihn nicht der Walhall-Wisch;
In Naturaliensammlungen fehlt
Oft unter den Fischen der Walfisch.

Herr Ludwig ist ein großer Poet,
Und singt er, so stürzt Apollo
Vor ihm auf die Kniee und bittet und fleht:
Halt ein, ich werde sonst toll, o!

Herr Ludwig ist ein mutiger Held,
Wie Otto, das Kind, sein Söhnchen;

Der kriegte den Durchfall zu Athen,
Und hat dort besudelt sein Thrönchen.

Stirbt einst Herr Ludwig, so kanonisiert
Zu Rom ihm der heilige Vater –
Die Glorie paßt für ein solches Gesicht,
Wie Manschetten für unseren Kater!

Sobald auch die Affen und Känguruhs
Zum Christentum sich bekehren,
Sie werden gewiß Sankt Ludewig
Als Schutzpatron verehren.

II

Herr Ludewig von Bayerland
Sprach seufzend zu sich selber:
Der Sommer weicht, der Winter naht,
Das Laub wird immer gelber.

Der Schelling und der Cornelius,
Sie mögen von dannen wandern;
Dem einen erlosch im Kopf die Vernunft,
Die Phantasie dem andern.

Doch daß man aus meiner Krone stahl
Die beste Perle, daß man
Mir meinen Turnkunstmeister geraubt,
Das Menschenjuwel, den Maßmann –

Das hat mich gebeugt, das hat mich geknickt,
Das hat mir die Seele zerschmettert:
Mir fehlt jetzt der Mann, der in seiner Kunst
Den höchsten Pfahl erklettert!

Ich sehe die kurzen Beinchen nicht mehr,
Nicht mehr die platte Nase;

Er schlug wie ein Pudel frisch-fromm-fröhlich-frei
Die Purzelbäume im Grase.

Nur Altdeutsch verstand er, der Patriot,
Nur Jakob-Grimmisch und Zeunisch;
Fremdwörter blieben ihm immer fremd,
Griechisch zumal und Lateinisch.

Er hat, ein vaterländisch Gemüt,
Nur Eichelkaffee getrunken,
Franzosen fraß er und Limburger Käs,
Nach letzterm hat er gestunken.

O Schwager! gib mit den Maßmann zurück!
Denn unter den Gesichtern
Ist sein Gesicht, was ich selber bin,
Als Dichter unter den Dichtern.

O Schwager! behalt den Cornelius,
Auch Schelling, (daß du den Rückert
Behalten kannst, versteht sich von selbst) –
Wenn nur der Maßmann zurückkehrt!

O Schwager! begnüge dich mit dem Ruhm,
Daß du mich verdunkelt heute;
Ich, der in Deutschland der Erste war,
Ich bin nur noch der zweite ...

III

Zu München in der Schloßkapell
Steht eine schöne Madonne;
Sie trägt in den Armen ihr Jesulein,
Der Welt und des Himmels Wonne.

Als Ludewig von Bayerland
Das Heiligenbild erblicket,

Da kniete er nieder andachtsvoll
Und stotterte selig verzücket:

„Maria, Himmelskönigin,
Du Fürstin sonder Mängel!
Aus Heilgen besteht dein Hofgesind,
Und deine Diener sind Engel.

Geflügelte Pagen warten dir auf,
Sie flechten dir Blumen und Bänder
Ins goldene Haar, sie tragen dir nach
Die Schleppe deiner Gewänder.

Maria, reiner Morgenstern,
Du Lilje sonder Makel,
Du hast so manches Wunder getan,
So manches fromme Mirakel –

O, laß aus deiner Gnaden Born
Auch mir ein Tröpflein gleiten!
Gib mir ein Zeichen deiner Huld,
Der hochgebenedeiten!" –

Die Mutter Gottes bewegt sich alsbald,
Sichtbar bewegt sich ihr Mündchen,
Sie schüttelt ungeduldig das Haupt
Und spricht zu ihrem Kindchen:

„Es ist ein Glück, daß ich auf dem Arm
Dich trage und nicht mehr im Bauche,
Ein Glück, daß ich vor dem Versehn
Mich nicht mehr zu fürchten brauche.

Hätt ich in meiner Schwangerschaft
Erblickt den häßlichen Toren,

Ich hätte gewiß einen Wechselbalg
Statt eines Gottes geboren.“

Unsere Marine

(Nautisches Gedicht)

Wir träumten von einer Flotte jüngst,
Und segelten schon vergnüglich
Hinaus aufs balkenlose Meer,
Der Wind war ganz vorzüglich.

Wir hatten unsern Fregatten schon
Die stolzesten Namen gegeben,
Prutz hieß die eine, die andre hieß
Hoffmann von Fallersleben.

Da schwamm der Kutter Freiligrath,
Darauf als Puppe die Büste
Des Mohrenkönigs, die wie ein Mond
(Versteht sich ein schwarzer) grüßte.

Da kamen geschwommen ein Gustav Schwab
Ein Pfizer, ein Kölle, ein Mayer;
Auf jedem stand ein Schwabengesicht
Mit einer hölzernen Leier.

Da schwamm die Birch-Pfeiffer, eine Brigg,
Sie trug am Fockmast das Wappen
Der deutschen Admiralität
Auf schwarz-rot-goldnem Lappen.

Wir kletterten keck an Bugspriet und Raan
Und trugen uns wie Matrosen,

Die Jacke kurz, der Hut beteert,
Und weite Schifferhosen.

Gar mancher, der früher nur Tee genoß
Als wohlerzogner Ehmann,
Der soff jetzt Rum und kaute Tabak,
Und fluchte wie ein Seemann.

Seekrank ist mancher geworden sogar,
Und auf dem Fallersleben,
Dem alten Brander, hat mancher sich
Gemütlich übergeben.

Wir träumten so schön, wir hatten fast
Schon eine Seeschlacht gewonnen –
Doch als die Morgensonne kam,
Ist Traum und Flotte zerronnen.

Wir lagen noch immer im heimischen Bett
Mit ausgestreckten Knochen.
Wir rieben uns aus den Augen den Schlaf
Und haben gähnend gesprochen:

„Die Welt ist rund. Was nützt es am End
Zu schaukeln auf müßiger Welle!
Der Weltumsegler kommt zuletzt
Zurück auf dieselbe Stelle.“

An meinen Bruder Max

Max! Du kehrst zurück nach Rußlands
Steppen, doch ein großer Kuhschwanz
Ist für dich die Welt: Pläsier
Bietet jede Schenke dir.

Du ergreifst die nächste Grete,
Und beim Klange der Trompete
Und der Pauken, dum! dum! dum!
Tanzest du mit ihr herum.

Wo dir winken große Humpen,
Läßt du gleichfalls dich nicht lumpen,
Und wenn du des Bacchus voll,
Reimst du Lieder wie Apoll.

Immer hast du ausgeübet
Luthers Wahlspruch: Wer nicht liebet
Wein und Weiber und Gesang –
Bleibt ein Narr sein Leben lang.

Möge, Max, das Glück bekränzen
Stets dein Haupt, und dir kredenzen
Täglich seinen Festpokal
In des Lebens Kuhschwanz-Saal!

Minnegruß

Die du bist so schön und rein,
Wunnevolles Magedein,
Deinem Dienste ganz allein
Möcht ich wohl mein Leben weihn.

Deine süßen Äugelein
Glänzen mild wie Mondesschein;
Helle Rosenlichter streun
Deine roten Wängelein.

Und aus deinem Mündchen klein
Blinkts hervor wie Perlenreihn;
Doch den schönsten Edelstein
Hegt dein stiller Busenschrein.

Fromme Minne mag es sein,
Was mir drang ins Herz hinein,
Als ich weiland schaute dein,
Wunnevolles Magedein!

Morphine

Groß ist die Ähnlichkeit der beiden schönen
Jünglingsgestalten, ob der eine gleich
Viel blässer als der andre, auch viel strenger,
Fast möcht ich sagen viel vornehmer aussieht
Als jener andre, welcher mich vertraulich
In seine Arme schloß – Wie lieblich sanft
War dann sein Lächeln und sein Blick wie selig!
Dann mocht es wohl geschehn, daß seines Hauptes
Mohnblumenkranz auch meine Stirn berührte
Und seltsam duftend allen Schmerz verscheuchte
Aus meiner Seel – Doch solche Linderung,
Sie dauert kurze Zeit; genesen gänzlich
Kann ich nur dann, wenn seine Fackel senkt
Der andre Bruder, der so ernst und bleich. –

Gut ist der Schlaf, der Tod ist besser – freilich
Das beste wäre, nie geboren sein.

Maultiertum

Dein Vater, wie ein jeder weiß,
Ein Esel leider war der Gute;
Doch deine Mutter, hochgesinnt,
War eine edle Vollblutstute.

Tatsache ist dein Maultiertum,
Wie sehr du dessen dich erwehrest;
Doch sagen darfst du guten Fugs,
Daß du den Pferden angehörest, –

Daß du abstammst vom Bucephal,
Dem stolzen Gaul, daß deine Ahnen
Geharnischt nach dem heilgen Grab
Gefolgt den frommen Kreuzzugfahnen, –

Daß du zu deiner Sippschaft zählst
Den hohen Schimmel, den geritten
Herr Gottfried von Bouillon, am Tag,
Wo er die Gottesstatt erstritten; –

Kannst sagen auch, daß Roß-Bayard
Dein Vetter war, daß deine Tante
Den Ritter Don Quixote trug,
Die heldenmütge Rosinante.

Freilich, daß Sanchos Grauchen auch
Mit dir verwandt, mußt du nicht sagen;
Verleugne gar das Eselein,
Das unsern Heiland einst getragen.

Auch ist nicht nötig, daß du just
Ein Langohr in dein Wappen setzest.
Sei deines eignen Werts Wardein –
Du giltst so hoch, wie du dich schätzest.

Wandere!

Wenn dich ein Weib verraten hat,
So liebe flink eine Andre;
Noch besser wär es, du ließest die Stadt –
Schnüre den Ranzen und wandre!

Du findest bald einen blauen See,
Umringt von Trauerweiden;
Hier weinst du aus dein kleines Weh
Und deine engen Leiden.

Wenn du den steilen Berg ersteigst,
Wirst du beträchtlich ächzen;
Doch wenn du den felsigen Gipfel erreichst,
Hörst du die Adler krächzen.

Dort wirst du selbst ein Adler fast,
Du bist wie neugeboren,
Du fühlst dich frei, du fühlst: du hast
Dort unten nicht viel verloren.

Kluge Sterne

Die Blumen erreicht der Fuß so leicht,
Auch werden zertreten die meisten;
Man geht vorbei und tritt entzwei
Die blöden wie die dreisten.

Die Perlen ruhn in Meerestruhn,
Doch weiß man sie aufzuspüren;
Man bohrt ein Loch und spannt sie ins Joch,
Ins Joch von seidenen Schnüren.

Die Sterne sind klug, sie halten mit Fug
Von unserer Erde sich ferne;
Am Himmelszelt, als Lichter der Welt,
Stehn ewig sicher die Sterne.

Päan

(Fragment)

Streiche von der Stirn den Lorbeer,
Der zu lang herunterbammelt,
Und vernimm mit freiem Ohr, Beer,
Was dir meine Lippe stammelt.

Ja, nur stammeln, stottern kann ich,
Trete vor den großen Mann ich,
Dessen hoher Genius
Ist ein wahrer Kunstgenuß,
Dessen Ruhm ein Meisterstück ist,
Und kein Zufall, nicht ein Glück ist,
Das im Schlafe ohne Müh

Manchem kömmt, er weiß nicht wie,
Wie z. B. jenem Rotznas,
Dem Rossini oder Mozart.
Nein, der Meister, der uns teuer,
Unser lieber Beeren-Meyer,
Darf sich rühmen: er erschuf
Selber seines Namens Ruf
Durch die Macht der Willenskraft,
Durch des Denkens Wissenschaft,
Durch politische Gespinste
Und die feinsten Rechenkünste –
Und sein König, sein Protektor,
Hat zum Generaldirektor
Sämtlicher Musikanstalten
Ihn ernannt und mit Gewalten
Ausgerüstet, ...

die ich heute untertänigst ehrfurchtsvoll in Anspruch nehme.

Zum Polterabend

I

Mit deinen großen, allwissenden Augen
Schaust du mich an, und du hast Recht:
Wie konnten wir zusammen taugen,
Da du so gut, und ich so schlecht!

Ich bin so schlecht und bitterblütig,
Und Spottgeschenke bring ich dar
Dem Mädchen, das so lieb und gütig,
Und ach! sogar aufrichtig war.

II

O, du kanntest Koch und Küche,
Loch und Schliche, Tür und Tor!
Wo wir nur zusammen strebten,
Kamst du immer mir zuvor.

Jetzt heiratest du mein Mädchen,
Teurer Freund, das wird zu toll –
Toller ist es nur, daß ich dir
Dazu gratulieren soll!

III

„O, die Liebe macht uns selig,
O, die Liebe macht uns reich!“
Also singt man tausendkehlig
In dem heilgen römschen Reich.

Du, du fühlst den Sinn der Lieder,
Und sie klingen, teurer Freund,
Jubelnd dir im Herzen wieder,
Bis der große Tag erscheint:

Wo die Braut, mit roten Bäckchen,
Ihre Hand in deine legt,
Und der Vater, mit den Säckchen,
Dir den Segen überträgt.

Säckchen voll mit Geld, unzählig,
Linnen, Betten, Silberzeug –
O, die Liebe macht uns selig,
O, die Liebe macht uns reich!

IV

Der weite Boden ist überzogen
Mit Blumendecken, der grüne Wald
Er wölbt sich hoch zu Siegesbogen,
Gefiederte Einzugmusik erschallt.

Es kommt der schöne Lenz geritten,
Sein Auge sprüht, die Wange glüht!
Ihr solltet ihn zur Hochzeit bitten,
Denn gerne weilt er, wo Liebe blüht.

Guter Rat

Laß dein Grämen und dein Schämen!
Werbe keck und fordre laut,
Und man wird sich dir bequemen,
Und du führest heim die Braut.

Wirf dein Gold den Musikanten,
Denn die Fiedel macht das Fest;
Küsse deine Schwiegertanten,
Denkst du gleich: Hol euch die Pest!

Rede gut von einem Fürsten,
Und nicht schlecht von einer Frau;
Knickre nicht mit deinen Würsten,
Wenn du schlachtest eine Sau.

Ist die Kirche dir verhaßt, Tor,
Desto öfter geh hinein;
Zieh den Hut ab vor dem Pastor,
Schick ihm auch ein Fläschchen Wein.

Fühlst du irgendwo ein Jücken,
Kratze dich als Ehrenmann;
Wenn dich deine Schuhe drücken,
Nun, so zieh Pantoffeln an.

Hat versalzen dir die Suppe
Deine Frau, bezähm die Wut,
Sag ihr lächelnd: Süße Puppe,
Alles was du kochst ist gut.

Trägt nach einem Schal Verlangen
Deine Frau, so kauf ihr zwei;
Kauf ihr Spitzen, goldne Spangen
Und Juwelen noch dabei.

Wirst du diesen Rat erproben,
Dann, mein Freund! genießest du
Einst das Himmelreich dort oben,
Und du hast auf Erden Ruh.

Frühlingsfeier

Das ist des Frühlings traurige Lust!
Die blühenden Mädchen, die wilde Schar,
Sie stürmen dahin, mit flatterndem Haar
Und Jammergeheul und entblößter Brust: –
Adonis! Adonis!

Es sinkt die Nacht. Bei Fackelschein,
Sie suchen hin und her im Wald,
Der angstverwirret wiederhallt

Von Weinen und Lachen und Schluchzen und Schrein:
Adonis! Adonis!

Das wunderschöne Jünglingsbild,
Es liegt am Boden blaß und tot,
Das Blut färbt alle Blumen rot,
Und Klagelaut die Luft erfüllt: –
Adonis! Adonis!

Anno 1829

Daß ich bequem verbluten kann,
Gebt mir ein edles, weites Feld!
Oh, laßt mich nicht ersticken hier
In dieser engen Krämerwelt!

Sie essen gut, sie trinken gut,
Erfreun sich ihres Maulwurfglücks,
Und ihre Großmut ist so groß
Als wie das Loch der Armenbüchs.

Zigarren tragen sie im Maul
Und in der Hosentasch' die Händ;
Auch die Verdauungskraft ist gut –
Wer sie nur selbst verdauen könnt!

Sie handeln mit den Spezerein
Der ganzen Welt, doch in der Luft,
Trotz allen Würzen, riecht man stets
Den faulen Schellfischseelenduft.

O, daß ich große Laster säh,
Verbrechen, blutig, kolossal –

Nur diese satte Tugend nicht,
Und zahlungsfähige Moral!

Ihr Wolken droben, nehmt mich mit,
Gleichviel nach welchem fernen Ort!
Nach Lappland oder Afrika,
Und seis nach Pommern – fort! nur fort!

O, nehmt mich mit – sie hören nicht –
Die Wolken droben sind so klug!
Vorüberreisend dieser Stadt,
Ängstlich beschleungen sie den Flug.

Ali Bey

Ali Bey, der Held des Glaubens,
Liegt beglückt in Mädchenarmen.
Vorgeschmack des Paradieses
Gönnt ihm Allah schon auf Erden.

Odalisken, schön wie Huris,
Und geschmeidig wie Gasellen
Kräuselt ihm den Bart die Eine,
Glättet seine Stirn die Andre.

Und die Dritte schlägt die Laute,
Singt und tanzt, und küßt ihn lachend
Auf das Herz, worin die Flammen
Aller Seligkeiten lodern.

Aber draußen plötzlich schmettern
Die Trompeten, Schwerter rasseln,

Waffenruf und Flintenschüsse –
Herr, die Franken sind im Anmarsch!

Und der Held besteigt sein Schlachtroß,
Fliegt zum Kampf, doch wie im Traume; –
Denn ihm ist zu Sinn, als läg er
Immer noch in Mädchenarmen.

Während er die Frankenköpfe
Dutzendweis heruntersäbelt,
Lächelt er wie ein Verliebter,
Ja, er lächelt sanft und zärtlich.

Klagelied eines altdeutschen Jünglings

Wohl dem, dem noch die Tugend lacht,
Weh dem, der sie verlieret!
Es haben mich armen Jüngling
Die bösen Gesellen verführet.

Sie haben mich um mein Geld gebracht,
Mit Karten und mit Knöcheln;
Es trösteten mich die Mädchen,
Mit ihrem holden Lächeln.

Und als sie mich ganz besoffen gemacht
Und meine Kleider zerrissen,
Da ward ich armer Jüngling
Zur Tür hinausgeschmissen.

Und als ich des Morgens früh erwacht,
Wie wundr ich mich über die Sache!

Da saß ich armer Jüngling
Zu Kassel auf der Wache.

Ruhelechzend

Laß bluten deine Wunden, laß
Die Tränen fließen unaufhaltsam –
Geheime Wollust schwelgt im Schmerz,
Und Weinen ist ein süßer Balsam.

Verwundet dich nicht fremde Hand,
So mußt du selber dich verletzen;
Auch danke hübsch dem lieben Gott,
Wenn Zähren deine Wangen netzen.

Des Tages Lärm verhallt, es steigt
Die Nacht herab mit langen Flören.
In ihrem Schoße wird kein Schelm,
Kein Tölpel deine Ruhe stören.

Hier bist du sicher vor Musik,
Vor des Piano-Fortes Folter,
Und vor der großen Oper Pracht
Und schrecklichem Bravourgepolter.

Hier wirst du nicht verfolgt, geplagt
Vom eitlen Virtuosenpacke
Und vom Genie Giacomos
Und seiner Weltberühmtheitsclaque.

O Grab, du bist das Paradies
Für pöbelscheue, zarte Ohren –
Der Tod ist gut, doch besser wärs,
Die Mutter hätt uns nie geboren.

Schnapphahn und Schnapphenne

Derweilen auf dem Lotterbette
Mich Lauras Arm umschlang – der Fuchs,
Ihr Herr Gemahl, aus meiner Buchs
Stibitzt er mir die Bankbillette.

Da steh ich nun mit leeren Taschen!
War Lauras Kuß gleichfalls nur Lug?
Ach! Was ist Wahrheit? Also frug
Pilat und tät die Händ sich waschen.

Die böse Welt, die so verdorben,
Verlaß ich bald, die böse Welt.
Ich merke: hat der Mensch kein Geld,
So ist der Mensch schon halb gestorben.

Nach Euch, Ihr ehrlich reinen Seelen,
Die Ihr bewohnt das Reich des Lichts,
Sehnt sich mein Herz. Dort braucht Ihr nichts,
Und braucht deshalb auch nicht zu stehlen.

An Sie

Die roten Blumen hier und auch die bleichen,
Die einst erblüht aus blutgen Herzenswunden,
Die hab ich nun zum schmucken Strauß verbunden,
Und will ihn Dir, du schöne Herrin, reichen.

Nimm huldreich hin die treuen Sangeskunden,
Ich kann ja nicht aus diesem Leben weichen,
Ohn rückzulassen dir ein Liebeszeichen, –
Gedenke mein, wenn ich den Tod gefunden!

Doch nie, o Herrin, sollst du mich beklagen;
Beneidenswert war selbst mein Schmerzenleben –
Denn liebend durft ich dich im Herzen tragen.

Und größres Heil noch soll mir bald geschehen:
Mit Geisterschutz darf ich dein Haupt umschweben
Und Friedensgrüße in dein Herze wehen.

Traum und Leben

Es glühte der Tag, es glühte mein Herz,
Still trug ich mit mir herum den Schmerz.
Und als die Nacht kam, schlich ich fort
Zur blühenden Rose am stillen Ort.

Ich nahte mich leise und stumm wie das Grab;
Nur Tränen rollten die Wangen hinab;
Ich schaut in den Kelch der Rose hinein, –
Da glomms hervor, wie ein glühender Schein. –

Und freudig entschlief ich beim Rosenbaum;
Da trieb sein Spiel ein neckender Traum:
Ich sah ein rosiges Mädchenbild,
Den Busen ein rosiges Mieder umhüllt.

Sie gab mir was Hübsches, recht goldig und weich;
Ich trugs in ein goldenes Häuschen sogleich.
Im Häuschen da geht es gar wunderlich bunt,
Da dreht sich ein Völkchen in zierlicher Rund.

Da tanzen zwölf Tänzer, ohn Ruh und Rast,
Sie haben sich fest bei den Händen gefaßt;
Und wenn ein Tanz zu enden begann,
So fängt ein andrer von vorne an.

Und es summt mir ins Ohr die Tanzmusik:
Die schönste der Stunden kehrt nimmer zurück,
Dein ganzes Leben war nur ein Traum,
Und diese Stunde ein Traum im Traum. –

Der Traum war aus, der Morgen graut,
Mein Auge schnell nach der Rose schaut, –
O weh! statt des glühenden Fünkleins steckt
Im Keiche der Rose ein kaltes Insekt.

Das Sklavenschiff

1

Der Superkargo Mynher van Koek
Sitzt rechnend in seiner Kajüte;
Er kalkuliert der Ladung Betrag
Und die probabeln Profite.

„Der Gummi ist gut, der Pfeffer ist gut,
Dreihundert Säcke und Fässer;
Ich habe Goldstaub und Elfenbein –
Die schwarze Ware ist besser.

Sechshundert Neger tauschte ich ein
Spottwohlfeil am Senegalflusse.
Das Fleisch ist hart, die Sehnen sind stramm,
Wie Eisen vom besten Gusse.

Ich hab zum Tausche Branntewein,
Glasperlen und Stahlzeug gegeben;

Gewinne daran achthundert Prozent,
Bleibt mir die Hälfte am Leben.

Bleiben mir Neger dreihundert nur
Im Hafen von Rio-Janeiro,
Zahlt dort mir hundert Dukaten per Stück
Das Haus Gonzales Perreiro.“

Da plötzlich wird Mynher van Koek
Aus seinen Gedanken gerissen;
Der Schiffschirurgius tritt herein,
Der Doktor van der Smissen.

Das ist eine klapperdürre Figur,
Die Nase voll roter Warzen –
Nun, Wasserfeldscherer, ruft van Koek,
Wie gehts meinen lieben Schwarzen?

Der Doktor dankt der Nachfrage und spricht:
„Ich bin zu melden gekommen,
Daß heute nacht die Sterblichkeit
Bedeutend zugenommen.

Im Durchschnitt starben täglich zwei,
Doch heute starben sieben,
Vier Männer, drei Frauen – Ich hab den Verlust
Sogleich in die Kladde geschrieben.

Ich inspizierte die Leichen genau;
Denn diese Schelme stellen
Sich manchmal tot, damit man sie
Hinabwirft in die Wellen.

Ich nahm den Toten die Eisen ab;
Und wie ich gewöhnlich tue,

Ich ließ die Leichen werfen ins Meer
Des Morgens in der Fruhe.

Es schossen alsbald hervor aus der Flut
Haifische, ganze Heere,
Sie lieben so sehr das Negerfleisch;
Das sind meine Pensionäre.

Sie folgten unseres Schiffes Spur,
Seit wir verlassen die Küste;
Die Bestien wittern den Leichengeruch,
Mit schnupperndem Fraßgelüste.

Es ist possierlich anzusehn,
Wie sie nach den Toten schnappen!
Die faßt den Kopf, die faßt das Bein,
Die andern schlucken die Lappen.

Ist alles verschlungen, dann tummeln sie sich
Vergnügt um des Schiffes Planken
Und glotzen mich an, als wollten sie
Sich für das Frühstück bedanken."

Doch seufzend fällt ihm in die Red
Van Koek: Wie kann ich lindern
Das Übel? wie kann ich die Progression
Der Sterblichkeit verhindern?

Der Doktor erwidert: „Durch eigne Schuld
Sind viele Schwarze gestorben;
Ihr schlechter Odem hat die Luft
Im Schiffsraum so sehr verdorben.

Auch starben viele durch Melancholie,
Dieweil sie sich tödlich langweilen;

Durch etwas Luft, Musik und Tanz
Läßt sich die Krankheit heilen."

Da ruft van Koek: „Ein guter Rat!
Mein teurer Wasserfeldscherer
Ist klug wie Aristoteles,
Des Alexanders Lehrer.

Der Präsident der Sozietät
Der Tulpenveredlung im Delfte
Ist sehr gescheit, doch hat er nicht
Von Eurem Verstande die Hälfte.

Musik! Musik! Die Schwarzen solln
Hier auf dem Verdecke tanzen.
Und wer sich beim Hopsen nicht amüsiert,
Den soll die Peitsche kuranzen."

Die Wahl-Esel

Die Freiheit hat man satt am End,
Und die Republik der Tiere
Begehrte, daß ein einzger Regent
Sie absolut regiere.

Jedwede Tiergattung versammelte sich,
Wahlzettel wurden geschrieben;
Parteisucht wütete fürchterlich,
Intrigen wurden getrieben.

Das Komitee der Esel ward
Von Alt-Langohren regieret;

Sie hatten die Köpfe mit einer Kokard,
Die schwarz-rot-gold, verzieret.

Es gab eine kleine Pferdepartei,
Doch wagte sie nicht zu stimmen;
Sie hatte Angst vor dem Geschrei
Der Alt-Langohren, der grimmen.

Als einer jedocn die Kandidatur
Des Rosses empfahl, mit Zeter
Ein Alt-Langohr in die Rede ihm fuhr,
Und schrie: Du bist ein Verräter!

Du bist ein Verräter, es fließt in dir
Kein Tropfen vom Eselsblute;
Du bist kein Esel, ich glaube schier,
Dich warf eine welsche Stute.

Du stammst vom Zebra vielleicht, die Haut
Sie ist gestreift zebräisch;
Auch deiner Stimme näselnder Laut
Klingt ziemlich ägyptisch-hebräisch.

Und wärst du kein Fremdling, so bist du doch nur
Verstandesesel, ein kalter;
Du kennst nicht die Tiefen der Eselsnatur,
Dir klingt nicht ihr mystischer Psalter.

Ich aber versenkte die Seele ganz
In jenes süße Gedösel;
Ich bin ein Esel, in meinem Schwanz
Ist jedes Haar ein Esel.

Ich bin kein Römling, ich bin kein Slav;
Ein deutscher Esel bin ich,

Gleich meinen Vätern. Sie waren so brav,
So pflanzenwüchsig, so sinnig.

Sie spielten nicht mit Galanterei
Frivole Lasterspiele;
Sie trabten täglich, frisch-fromm-fröhlich-frei,
Mit ihren Säcken zur Mühle.

Die Väter sind nicht tot! Im Grab
Nur ihre Häute liegen,
Die sterblichen Hüllen. Vom Himmel herab
Schaun sie auf uns mit Vergnügen.

Verklärte Esel im Gloria-Licht!
Wir wollen Euch immer gleichen
Und niemals von dem Pfad der Pflicht
Nur einen Fingerbreit weichen.

O welche Wonne, ein Esel zu sein!
Ein Enkel von solchen Langohren!
Ich möcht es von allen Dächern schrein:
Ich bin als ein Esel geboren.

Der große Esel, der mich erzeugt,
Er war von deutschem Stamme;
Mit deutscher Eselsmilch gesäugt
Hat mich die Mutter, die Mamme.

Ich bin ein Esel, und will getreu,
Wie meine Väter, die Alten,
An der alten, lieben Eselei,
Am Eseltume halten.

Und weil ich ein Esel, so rat ich Euch,
Den Esel zum König zu wählen;

Wir stiften das große Eselreich,
Wo nur die Esel befehlen.

Wir alle sind Esel! I-A! I-A!
Wir sind keine Pferdeknechte.
Fort mit den Rossen! Es lebe, hurra!
Der König vom Eselsgeschlechte!

So sprach der Patriot. Im Saal
Die Esel Beifall rufen.
Sie waren alle national,
Und stampften mit den Hufen.

Sie haben des Redners Haupt geschmückt
Mit einem Eichenkranze.
Er dankte stumm, und hochbeglückt
Wedelt' er mit dem Schwanze.

Die schlesischen Weber

Im düstern Auge keine Träne,
Sie sitzen am Webstuhl und fletschen die Zähne:
Deutschland, wir weben dein Leichentuch,
Wir weben hinein den dreifachen Fluch –
Wir weben, wir weben!

Ein Fluch dem Gotte, zu dem wir gebeten
In Winterskälte und Hungersnöten;
Wir haben vergebens gehofft und geharrt,
Er hat uns geäfft und gefoppt und genarrt –
Wir weben, wir weben!

Ein Fluch dem König, dem König der Reichen,
Den unser Elend nicht konnte erweichen,
Der den letzten Groschen von uns erpreßt
Und uns wie Hunde erschießen läßt –
Wir weben, wir weben!

Ein Fluch dem falschen Vaterlande,
Wo nur gedeihen Schmach und Schande,
Wo jede Blume früh geknickt,
Wo Fäulnis und Moder den Wurm erquickt –
Wir weben, wir weben!

Das Schiffchen fliegt, der Webstuhl kracht,
Wir weben emsig Tag und Nacht –
Altdeutschland, wir weben dein Leichentuch,
Wir weben hinein den dreifachen Fluch,
Wir weben, wir weben!

Wünnebergiade, ein Heldengedicht in zwei Gesängen

Erster Gesang

Holde Muse, gib mir Kunde,
Wie einst hergeschoben kommen
Jenes kugelrunde Schweinchen,
Das da Wünneberg geheißen.

Auf den Iserlohner Triften
Ward mein Schweinchen einst geworfen,
Allda stehet noch das Tröglein,
Wo es weidlich sich gemästet.

Täglich in der Brüder Mitte
Burzelt es herum im Miste,
Auf den Hinterpfötchen hüpfend, –
Zernial ist Dreck dagegen.

Und die Mutter mit Gefallen
Schauet ihres Sohns Gedeihen,
Wie das feiste Wänstchen schwellet,
Wie die Ziegelbacken quellen.

Und der Vater mit Entzücken
Hört des Sohnes erstes Quirren,
Und das lieblich helle Grunzen
Dringt zum väterlichen Herzen.

Aber soll im Mist verwelken
Diese zarte Ferkenblume?
Soll der Sprößling edler Beester
Ohne Nachruhm einst verrecken?

Also sinnen nun die Eltem,
Was ihr Söhnchen einst soll werden,
Und sie stritten, stritten lange,
Mit den Worten, mit den Fäusten.

„Holde Drütche!“ sprach der Ehherr,
„Du mein alter Rumpelkasten!
Ja ich kusche, ja ich schwör es,
Ja, mein Sohn soll Pfäfflein werden.

Dorthin, wo die schmucke Düssel
Schlängelnd sich im Rhein ergießet,
Dorthin send ich meinen Lümmel,
Zu studieren Gottgelahrtheit.

Dorten lebt mein Freund Asthöver,
Den ich einst traktiert mit Kaffee
Und mit Brezel und mit Plätzchen, –
Schlau erwägend künftge Zeiten.

Auch der riesenmächtge Dahmen
Wandelt dort sein geistlich Leben,
Schreckhaft zittern seine Jünger,
Wenn er schwingt die Musengeißel.

Diesen Männern übergeb ich
Meinen Sohn zur strengen Leitung,
Diese wähl er sich zum Vorbild,
Bis sein Bauch sich einst verkläret."

Also sprach zur Frau der Ehherr,
Und er streichelt ihr das Pfötchen;
Aber sie umarmt ihn glühend,
Daß der Schmerbauch heftig dröhnet.

Halt die Ohren zu, o Muse!
Jetzo wird mein Schwein gescheuert,
Mit der Glut im Wasserküven;
Und es schreit und krächzt erbärmlich.

Und ein klimperklein Frisörchen
Kräuselt à l'enfant die Borsten,
Parfümiert sie mit Pomade, –
Bis nach Gersheim hats gerochen.

Und mit vielen Komplimenten
Kommt ein Schneider hergetrippelt,
Und er bracht ein altdeutsch Röcklein,
Wies Arminius getragen.

Unter solcher Vorbereitung
War die Nacht herabgesunken,
Und zur Ruhe blies der Sauhirt,
Jeder kroch ins niedre Ställchen.
Schnarchend lag der Hausknecht Tröffel,
Bis der Tag herangebrochen,
Endlich rieb er sich die Augen,
Und verließ sein weiches Lager.

Und im Hofe schon versammelt
Findet er die Hausgenossen,
Um den jungen Herrn sich drängend,
Und sie nehmen rührend Abschied.

Sinnend steht der ernste Vater,
Als behorcht er Flöhgespräche;
Und die Mutter kniet im Miste,
Betend für des Sohns Erhaltung.

Auch die Kuhmagd hörbar schluchset,
Denn es scheidet der Geliebte,
Den sie einst in Lieb befangen
Durch der dicken Waden Reize.

„Lebewohl!“ die Brüder grunzen,
„Lebewohl!“ der Kater mauet;
Und der Esel zärtlich seufzend
Seinen Jugendfreund umarmet.

Selbst die Hühner traurig gackern;
Nur der Bock der schweigt und schmunzelt,
Er verliert ein Nebenbuhler
Bei den holden Ziegenpärchen.

Traurig, in der Freunde Mitte,
Stand nun selbst mein armes Schweinchen,
Liebevoll die Äuglein glänzen,
Und es ließ das Sterzchen hängen.

Da erhub sich männlich Tröffel:
„Sagt, was soll das Weiberplärren?
Selbst der edle Ochs der weinet,
Er, den ich für Mann gehalten!

Aber Tröffel kann dies ändern!"
Sprachs, und rasch, im edlen Zorne,
Packte er mein Schwein beim Kragen,
Band zusammen alle Vieren,

Lud es schnell auf seinen Schubkarrn,
Und er schiebet flink und lustig,
Über Felder, über Berge,
Bis an Düsseldorfs Lyceum.

Adam der Erste

Du schicktest mit dem Flammenschwert
Den himmlischen Gendarmen,
Und jagtest mich aus dem Paradies,
Ganz ohne Recht und Erbarmen!

Ich ziehe fort mit meiner Frau
Nach andren Erdenländern;
Doch daß ich genossen des Wissens Frucht,
Das kannst du nicht mehr ändern.

Du kannst nicht ändern, daß ich weiß,
Wie sehr du klein und nichtig,
Und machst du dich auch noch so sehr
Durch Tod und Donnern wichtig.

O Gott! wie erbärmlich ist doch dies
Consilium-abeundi!
Das nenne ich einen Magnifikus
Der Welt, ein Lumen-Mundi!

Vermissen werde ich nimmermehr
Die paradiesischen Räume;
Das war kein wahres Paradies –
Es gab dort verbotene Bäume.

Ich will mein volles Freiheitsrecht!
Find ich die gringste Beschränknis,
Verwandelt sich mir das Paradies
In Hölle und Gefängnis.

Lebensfahrt

Ein Lachen und Singen! Es blitzen und gaukeln
Die Sonnenlichter. Die Wellen schaukeln
Den lustigen Kahn. Ich saß darin
Mit lieben Freunden und leichtem Sinn.

Der Kahn zerbrach in eitel Trümmer,
Die Freunde waren schlechte Schwimmer,
Sie gingen unter, im Vaterland;
Mich warf der Sturm an den Seinestrand.

Ich hab ein neues Schiff bestiegen,
Mit neuen Genossen; es wogen und wiegen

Die fremden Fluten mich hin und her –
Wie fern die Heimat! mein Herz wie schwer!

Und das ist wieder ein Singen und Lachen –
Es pfeift der Wind, die Planken krachen –
Am Himmel erlischt der letzte Stern –
Wie schwer mein Herz! die Heimat wie fern!

Die Tendenz

Deutscher Sänger! sing und preise
Deutsche Freiheit, daß dein Lied
Unsrer Seelen sich bemeistre
Und zu Taten uns begeistre,
In Marseillerhymnenweise.

Girre nicht mehr wie ein Werther,
Welcher nur für Lotten glüht –
Was die Glocke hat geschlagen,
Sollst du deinem Volke sagen,
Rede Dolche, rede Schwerter!

Sei nicht mehr die weiche Flöte,
Das idyllische Gemüt –
Sei des Vaterlands Posaune,
Sei Kanone, sei Kartaune,
Blase, schmettre, donnre, töte!

Blase, schmettre, donnre täglich,
Bis der letzte Dränger flieht –
Singe nur in dieser Richtung,
Aber halte deine Dichtung
Nur so allgemein als möglich.

Der Kaiser von China

Mein Vater war ein trockner Taps,
Ein nüchterner Duckmäuser,
Ich aber trinke meinen Schnaps
Und bin ein großer Kaiser.

Das ist ein Zaubertrank! Ich habs
Entdeckt in meinem Gemüte:
Sobald ich getrunken meinen Schnaps,
Steht China ganz in Blüte.

Das Reich der Mitte verwandelt sich dann
In einen Blumenanger,
Ich selber werde fast ein Mann,
Und meine Frau wird schwanger.

Allüberall ist Überfluß,
Und es gesunden die Kranken;
Mein Hofweltweiser Confusius
Bekömmt die klarsten Gedanken.

Der Pumpernickel des Soldats
Wird Mandelkuchen – O Freude!
Und alle Lumpen meines Staats
Spazieren in Samt und Seide.

Die Mandarinenritterschaft,
Die invaliden Köpfe,
Gewinnen wieder Jugendkraft
Und schütteln ihre Zöpfe.

Die große Pagode, Symbol und Hort
Des Glaubens, ist fertig geworden;
Die letzten Juden taufen sich dort
Und kriegen den Drachenorden.

Es schwindet der Geist der Revolution,
Und es rufen die edelsten Mandschu:
Wir wollen keine Konstitution,
Wir wollen den Stock, den Kantschu!

Wohl haben die Schüler Äskulaps
Das Trinken mir widerraten,
Ich aber trinke meinen Schnaps
Zum Besten meiner Staaten.

Und noch einen Schnaps, und noch einen Schnaps!
Das schmeckt wie lauter Manna!
Mein Volk ist glücklich, hats auch den Raps,
Und jubelt: Hosianna!

Erleuchtung

Michel! fallen dir die Schuppen
Von den Augen? Merkst du itzt,
Daß man dir die besten Suppen
Vor dem Maule wegstibitzt?

Als Ersatz ward dir versprochen
Reinverklärte Himmelsfreud
Droben, wo die Engel kochen
Ohne Fleisch die Seligkeit!

Michel! wird dein Glaube schwächer
Oder stärker dein Apptit?
Du ergreifst den Lebensbecher,
Und du singst ein Heidenlied!

Michel! fürchte nichts und labe
Schon hienieden deinen Wanst,
Später liegen wir im Grabe,
Wo du still verdauen kannst.

Aus der Zopfzeit

Fabel

Zu Kassel waren zwei Ratten,
Die nichts zu essen hatten.

Sie sahen sich lange hungrig an;
Die eine Ratte zu wispern begann:

„Ich weiß einen Topf mit Hirsebrei,
Doch leider steht eine Schildwach dabei;

Sie trägt kurfürstliche Uniform,
Und hat einen Zopf, der ist enorm;

Die Flinte ist geladen mit Schrot,
Und wer sich naht, den schießt sie tot!"

Die andere Ratte knistert
Mit ihren Zähnchen und wispert:

„Des Kurfürsten Durchlaucht sind gescheit
Er liebt die gute alte Zeit,

Die Zeit der alten Katten,
Die lange Zöpfe hatten.

Durch ihre Zöpfe die Katten
Wetteiferten mit den Ratten.

Der Zopf ist aber das Sinnbild nur
Des Schwanzes, den uns verlieh die Natur;

Wir auserwählten Geschöpfe,
Wir haben natürliche Zöpfe.

O Kurfürst, liebst du die Katten,
So liebst du auch die Ratten;

Gewiß für uns dein Herze klopft,
Da wir schon von der Natur bezopft.

O gib, du edler Philozopf,
O gib uns frei den Hirsetopf,

O gib uns frei den Topf mit Brei,
Und löse ab die Schildwach dabei!

Für solche Huld, für solchen Brei,
Wir wollen dir dienen mit Lieb und Treu.

Und stirbst du einst, auf deinem Grab
Wir schneiden uns traurig die Schwänze ab,

Und flechten sie um dein Haupt als Kranz;
Dein Lorbeer sei ein Rattenschwanz!“

Zueignung

An Salomon Heine

Meine Qual und meine Klagen
Hab ich in dies Buch gegossen,
Und wenn du es aufgeschlagen,
Hat sich dir mein Herz erschlossen.

Lebensfahrt

Ein Lachen und Singen! Es blitzen und gaukeln
Die Sonnenlichter. Die Wellen schaukeln
Den lustigen Kahn. Ich saß darin
Mit lieben Freunden und leichtem Sinn.

Der Kahn zerbrach in eitel Trümmer,
Die Freunde waren schlechte Schwimmer,
Sie gingen unter, im Vaterland;
Mich warf der Sturm an den Seinestrand.

Ich hab ein neues Schiff bestiegen,
Mit neuen Genossen; es wogen und wiegen
Die fremden Fluten mich hin und her –
Wie fern die Heimat! mein Herz wie schwer!

Und das ist wieder ein Singen und Lachen –
Es pfeift der Wind, die Planken krachen –
Am Himmel erlischt der letzte Stern –
Wie schwer mein Herz! die Heimat wie fern!

Adam der Erste

Du schicktest mit dem Flammenschwert
Den himmlischen Gendarmen,
Und jagtest mich aus dem Paradies,
Ganz ohne Recht und Erbarmen!

Ich ziehe fort mit meiner Frau
Nach andren Erdenländern;
Doch daß ich genossen des Wissens Frucht,
Das kannst du nicht mehr ändern.

Du kannst nicht ändern, daß ich weiß,
Wie sehr du klein und nichtig,
Und machst du dich auch noch so sehr
Durch Tod und Donnern wichtig.

O Gott! wie erbärmlich ist doch dies
Consilium-abeundi!
Das nenne ich einen Magnifikus
Der Welt, ein Lumen-Mundi!

Vermissen werde ich nimmermehr
Die paradiesischen Räume;
Das war kein wahres Paradies –
Es gab dort verbotene Bäume.

Ich will mein volles Freiheitsrecht!
Find ich die gringste Beschränknis,
Verwandelt sich mir das Paradies
In Hölle und Gefängnis.

Die weiße Blume

In Vaters Garten heimlich steht
Ein Blümchen traurig und bleich;
Der Winter zieht fort, der Frühling weht,
Bleich Blümchen bleibt immer so bleich.
Die bleiche Blume schaut
Wie eine kranke Braut.

Zu mir bleich Blümchen leise spricht:
Lieb Brüderchen, pflücke mich!
Zu Blümchen sprech ich: Das tu ich nicht,
Ich pflücke nimmermehr dich;
Ich such mit Müh und Not
Die Blume purpurrot.

Bleich Blümchen spricht: Such hin, such her,
Bis an deinen kühlen Tod,
Du suchst umsonst, findst nimmermehr
Die Blume purpurrot;
Mich aber pflücken tu,
Ich bin so krank wie du.

So lispelt bleich Blümchen, und bittet sehr –
Da zag ich, und pflück ich es schnell.
Und plötzlich blutet mein Herze nicht mehr,
Mein inneres Auge wird hell.
In meine wunde Brust
Kommt stille Engellust.

Der Wanzerich

Das Ungeziefer jeden Lands,
Es bildet eine heilge Allianz;
Zumal die musikalischen Wanzen,
Die Komponisten von schlechten Romanzen,
(Welche, wie Schlesingers Uhr, nicht gehn),
Allüberall im Bündnis stehn.
Da ist der Mozart der Krätze in Wien,
Die Perle ästhetischer Pfänderleiher,
Der intrigiert mit dem Lorbeer-Meyer,
Dem großen Maestro in Berlin.
Da werden Artikelchen ausgeheckt,
Die eine Blattlaus, ein Mitinsekt,
Für bares Geld in die Presse schmuggelt –
Das lügt und kriecht und katzenbuckelt,
Und hat dabei die Melancholik.
Das Publikum glaubt oft der Lüge,
Aus Mitleid: es sind so leidend die Züge
Der Heuchler und ihr Dulderblick –
Was willst du tun in solchen Nöten?
Du mußt die Verleumdung ruhig ertragen,
Du darfst nicht reden, du darfst nicht klagen:
Willst du das schnöde Geschmeiß zertreten,
Verstänkert es dir die Luft, die süße,
Und schmutzig würden deine Füße.
Das beste ist schweigen – Ein andermal
Erklär ich euch der Fabel Moral.

Der tugendhafte Hund

Ein Pudel, der mit gutem Fug
Den schönen Namen Brutus trug,
War vielberühmt im ganzen Land
Ob seiner Tugend und seinem Verstand.
Er war ein Muster der Sittlichkeit,
Der Langmut und Bescheidenheit.
Man hörte ihn loben, man hörte ihn preisen
Als einen vierfüßigen Nathan den Weisen.
Er war ein wahres Hundejuwel!
So ehrlich und treu! eine schöne Seel!
Auch schenkte sein Herr in allen Stücken
Ihm volles Vertrauen, er konnte ihn schicken
Sogar zum Fleischer. Der edle Hund
Trug dann einen Hängekorb im Mund,
Worin der Metzger das schöngehackte
Rindfleisch, Schaffleisch, auch Schweinefleisch packte. –
Wie lieblich und lockend das Fett gerochen,
Der Brutus berührte keinen Knochen,
Und ruhig und sicher, mit stoischer Würde,
Trug er nach Hause die kostbare Bürde.

Doch unter den Hunden wird gefunden
Auch eine Menge von Lumpenhunden
– Wie unter uns –, gemeine Köter,
Tagdiebe, Neidharde, Schwerenöter,
Die ohne Sinn für sittliche Freuden
Im Sinnenrausch ihr Leben vergeuden!
Verschworen hatten sich solche Racker
Gegen den Brutus, der treu und wacker,
Mit seinem Korb im Maule, nicht
Gewichen von dem Pfad der Pflicht. –

Und eines Tages, als er kam
Vom Fleischer und seinen Rückweg nahm
Nach Hause, da ward er plötzlich von allen
Verschwornen Bestien überfallen;
Da ward ihm der Korb mit dem Fleisch entrissen,
Da fielen zu Boden die leckersten Bissen,
Und fraßbegierig über die Beute
Warf sich die ganze hungrige Meute. –
Brutus sah anfangs dem Schauspiel zu
Mit philosophischer Seelenruh;
Doch als er sah, daß solchermaßen
Sämtliche Hunde schmausten und fraßen,
Da nahm auch er an der Mahlzeit teil
Und speiste selbst eine Schöpsenkeul.

Auch du, mein Brutus, auch du, du frißt?
So ruft wehmütig der Moralist.
Ja, böses Beispiel kann verführen;
Und, ach! gleich allen Säugetieren,
Nicht ganz und gar vollkommen ist
Der tugendhafte Hund – er frißt!

An Sie

Die roten Blumen hier und auch die bleichen,
Die einst erblüht aus blutgen Herzenswunden,
Die hab ich nun zum schmucken Strauß verbunden,
Und will ihn Dir, du schöne Herrin, reichen.

Nimm huldreich hin die treuen Sangeskunden,
Ich kann ja nicht aus diesem Leben weichen,

Ohn rückzulassen dir ein Liebeszeichen, –
Gedenke mein, wenn ich den Tod gefunden!

Doch nie, o Herrin, sollst du mich beklagen;
Beneidenswert war selbst mein Schmerzenleben –
Denn liebend durft ich dich im Herzen tragen.

Und größres Heil noch soll mir bald geschehen:
Mit Geisterschutz darf ich dein Haupt umschweben
Und Friedensgrüße in dein Herze wehen.

Der Scheidende

Erstorben ist in meiner Brust
Jedwede weltlich eitle Lust,
Schier ist mir auch erstorben drin
Der Haß des Schlechten, sogar der Sinn
Für eigne wie für fremde Not –
Und in mir lebt nur noch der Tod!

Der Vorhang fällt, das Stück ist aus,
Und gähnend wandelt jetzt nach Haus
Mein liebes deutsches Publikum,
Die guten Leutchen sind nicht dumm,
Das speist jetzt ganz vergnügt zu Nacht,
Und trinkt sein Schöppchen, singt und lacht –
Er hatte recht, der edle Heros,
Der weiland sprach im Buch Homeros':
Der kleinste lebendige Philister
Zu Stukkert am Neckar, viel glücklicher ist er
Als ich, der Pelide, der tote Held,
Der Schattenfürst in der Unterwelt.

Laß ab!

Der Tag ist in die Nacht verliebt,
Der Frühling in den Winter,
Das Leben verliebt in den Tod –
Und du, du liebest mich!

Du liebst mich – schon erfassen dich
Die grauenhaften Schatten,
All deine Blüte welkt,
Und deine Seele verblutet.

Laß ab von mir, und liebe nur
Die heiteren Schmetterlinge,
Die da gaukeln im Sonnenlicht –
Laß ab von mir und dem Unglück.

Psyche

In der Hand die kleine Lampe,
In der Brust die große Glut,
Schleichet Psyche zu dem Lager,
Wo der holde Schläfer ruht.

Sie errötet und sie zittert,
Wie sie seine Schönheit sieht –
Der enthüllte Gott der Liebe,
Er erwacht und er entflieht.

Achtzehnhundertjährge Buße!
Und die Ärmste stirbt beinah!
Psyche fastet und kasteit sich,
Weil sie Amorn nackend sah.

Zum Polterabend

I

Mit deinen großen, allwissenden Augen
Schaust du mich an, und du hast Recht:
Wie konnten wir zusammen taugen,
Da du so gut, und ich so schlecht!

Ich bin so schlecht und bitterblütig,
Und Spottgeschenke bring ich dar
Dem Mädchen, das so lieb und gütig,
Und ach! sogar aufrichtig war.

II

O, du kanntest Koch und Küche,
Loch und Schliche, Tür und Tor!
Wo wir nur zusammen strebten,
Kamst du immer mir zuvor.

Jetzt heiratest du mein Mädchen,
Teurer Freund, das wird zu toll –
Toller ist es nur, daß ich dir
Dazu gratulieren soll!

III

„O, die Liebe macht uns selig,
O, die Liebe macht uns reich!“
Also singt man tausendkehlig
In dem heilgen römschen Reich.

Du, du fühlst den Sinn der Lieder,
Und sie klingen, teurer Freund,
Jubelnd dir im Herzen wieder,
Bis der große Tag erscheint:

Wo die Braut, mit roten Bäckchen,
Ihre Hand in deine legt,
Und der Vater, mit den Säckchen,
Dir den Segen überträgt.

Säckchen voll mit Geld, unzählig,
Linnen, Betten, Silberzeug –
O, die Liebe macht uns selig,
O, die Liebe macht uns reich!

IV

Der weite Boden ist überzogen
Mit Blumendecken, der grüne Wald
Er wölbt sich hoch zu Siegesbogen,
Gefiederte Einzugmusik erschallt.

Es kommt der schöne Lenz geritten,
Sein Auge sprüht, die Wange glüht!
Ihr solltet ihn zur Hochzeit bitten,
Denn gerne weilt er, wo Liebe blüht.

Orpheisch

Es gab den Dolch in deine Hand
Ein böser Dämon in der bösen Stunde –
Ich weiß nicht, wie der Dämon hieß –
Ich weiß nur, daß vergiftet war die Wunde.

In stillen Nächten denk ich oft,
Du solltest mal dem Schattenreich entsteigen,
Und lösen alle Rätsel mir
Und mich von deiner Unschuld überzeugen.

Ich harre dein – o komme bald!
Und kommst du nicht, so steig ich selbst zur Hölle,
Daß ich alldort vor Satanas
Und allen Teufeln dich zur Rede stelle.

Ich komme, und wie Orpheus einst
Trotz ich der Unterwelt und ihren Schrecken –
Ich finde dich, und wolltest du
Im tiefsten Höllenpfuhle dich verstecken.

Hinunter jetzt ins Land der Qual,
Wo Händeringen nur und Zähneklappen –
Ich reiße dir die Larve ab,
Der angeprahlten Großmut Purpurlappen –

Jetzt weiß ich, was ich wissen wollt,
Und gern, mein Mörder, will ich dir verzeihen;
Doch hindern kann ich nicht, daß jetzt
Schmachvoll die Teufel dir ins Antlitz speien.

Symbolik des Unsinns

Wir heben nun zu singen an
Das Lied von einer Nummer,
Die ist geheißen Nummer Drei;
Nach Freuden kommt der Kummer.

Arabischen Ursprungs war sie zwar,
Doch christentümlich frummer
In ganz Europa niemand war
Wie jene brave Nummer.

Sie war ein Muster der Sittlichkeit
Und wurde rot wie ein Hummer,
Fand sie den Knecht im Bette der Magd;
Gab beiden einen Brummer.

Des Morgens trank sie den Kaffee
Um sieben Uhr im Summer,
Im Winter um neun, und in der Nacht
Genoß sie den besten Schlummer.

Jetzt aber ändert sich der Reim,
Und ändern sich die Tage;
Es muß die arme Nummer Drei
Erdulden Pein und Plage.

Da kam ein Schuster und sagte: der Kopf
Der Nummer Drei, der sähe
Wie eine kleine Sieben aus,
Die auf einem Halbmond stehe.

Die Sieben sei aber die mystische Zahl
Der alten Pythagoräer,
Der Halbmond bedeute Dianendienst,
Er mahne auch an Sabäer.

Sie selber, die Drei, sei Schiboleth
Des Oberbonzen von Babel;
Durch dessen Buhlschaft sie einst gebar
Die heilge Dreieinigkeitsfabel.

Ein Kürschner bemerkte dagegen: die Drei
Sie eine fromme Trulle,
Verehrt von unsern Vätern, die einst
Geglaubt an jede Schrulle.

Da war ein Schneider, der lächelnd sprach,
Daß gar nicht existiere
Die Nummer Drei, daß sie sich nur
Befinde auf dem Papiere.

Als solches hörte die arme Drei,
Wie eine verzweifelte Ente,
Sie wackelte hin, sie wackelte her,
Sie jammerte und flennte:

Ich bin so alt wie das Meer und der Wald,
Wie die Stern, die am Himmel blinken;
Sah Reiche entstehn, sah Reiche vergehn
Und Völker aufsteigen und sinken.

Ich stand am schnurrenden Webstuhl der Zeit
Wohl manches lange Jahrtausend;
Ich sah der Natur in den schaffenden Bauch,
Das wogte brausend und sausend.

Und dennoch widerstand ich dem Sturm
Der sinnlich dunkeln Gewalten –
Ich habe meine Jungferschaft
In all dem Spektakel behalten.

Was hilft mir meine Tugend jetzt?
Mich höhnen Weise und Toren;
Die Welt ist schlecht und ungerecht,
Läßt niemand ungeschoren.

Doch tröste dich, mein Herz, dir blieb
Dein Lieben, Hoffen, Glauben,
Auch guter Kaffee und ein Schlückchen Rum,
Das kann keine Skepsis mir rauben.

Mimi

Bin kein sittsam Bürgerkätzchen,
Nicht im frommen Stübchen spinn ich.
Auf dem Dach, in freier Luft,
Eine freie Katze bin ich.

Wenn ich sommernächtlich schwärme,
Auf dem Dache, in der Kühle,
Schnurrt und knurrt in mir Musik,
Und ich singe was ich fühle.

Also spricht sie. Aus dem Busen
Wilde Brautgesänge quellen,
Und der Wohllaut lockt herbei
Alle Katerjunggesellen.

Alle Katerjunggesellen,
Schnurrend, knurrend, alle kommen,
Mit Mimi zu musizieren,
Liebelechzend, lustentglommen.

Das sind keine Virtuosen,
Die entweiht jemals für Lohngunst
Die Musik, sie blieben stets
Die Apostel heilger Tonkunst.

Brauchen keine Instrumente,
Sie sind selber Bratsch und Flöte;
Eine Pauke ist ihr Bauch,
Ihre Nasen sind Trompeten.

Sie erheben ihre Stimmen
Zum Konzert gemeinsam jetzo;
Das sind Fugen, wie von Bach
Oder Guido von Arezzo.

Das sind tolle Symphonien,
Wie Capricen von Beethoven
Oder Berlioz, der wird
Schnurrend, knurrend übertroffen.

Wunderbare Macht der Töne!
Zauberklänge sondergleichen!
Sie erschüttern selbst den Himmel,
Und die Sterne dort erbleichen.

Wenn sie hört die Zauberklänge,
Wenn sie hört die Wundertöne,
So verhüllt ihr Angesicht
Mit dem Wolkenflor Selene.

Nur das Lästermaul, die alte
Prima-Donna Philomele
Rümpft die Nase, schnupft und schmäht
Mimis Singen – kalte Seele!

Doch gleichviel! Das musizieret,
Trotz dem Neide der Signora,
Bis am Horizont erscheint
Rosig lächelnd Fee Aurora.

Lotosblume

Wahrhaftig, wir beide bilden
Ein kurioses Paar,
Die Liebste ist schwach auf den Beinen,
Der Liebhaber lahm sogar.

Sie ist ein leidendes Kätzchen,
Und er ist krank wie ein Hund,
Ich glaube, im Kopfe sind beide
Nicht sonderlich gesund.

Vertraut sind ihre Seelen,
Doch jedem von beiden bleibt fremd
Was bei dem andern befindlich
Wohl zwischen Seel und Hemd.

Sie sei eine Lotosblume,
Bildet die Liebste sich ein;
Doch er, der blasse Geselle,
Vermeint der Mond zu sein.

Die Lotosblume erschließet
Ihr Kelchlein im Mondenlicht,
Doch statt des befruchtenden Lebens
Empfängt sie nur ein Gedicht.

Erinnerung aus Krähwinkels Schreckenstagen

Wir Bürgermeister und Senat,
Wir haben folgendes Mandat
Stadtväterlichst an alle Klassen
Der treuen Bürgerschaft erlassen.

Ausländer, Fremde, sind es meist,
Die unter uns gesät den Geist
Der Rebellion. Dergleichen Sünder,
Gottlob! sind selten Landeskinder.

Auch Gottesleugner sind es meist;
Wer sich von seinem Gotte reißt,
Wird endlich auch abtrünnig werden
Von seinen irdischen Behörden.

Der Obrigkeit gehorchen, ist
Die erste Pflicht für Jud und Christ.
Es schließe jeder seine Bude
Sobald es dunkelt, Christ und Jude.

Wo ihrer drei beisammen stehn,
Da soll man auseinander gehn.
Des Nachts soll niemand auf den Gassen
Sich ohne Leuchte sehen lassen.

Es liefre seine Waffen aus
Ein jeder in dem Gildenhaus;
Auch Munition von jeder Sorte
Wird deponiert am selben Orte.

Wer auf der Straße räsoniert,
Wird unverzüglich füsiliert;
Das Räsonieren durch Gebärden
Soll gleichfalls hart bestrafet werden.

Vertrauet Eurem Magistrat,
Der fromm und liebend schützt den Staat
Durch huldreich hochwohlweises Walten;
Euch ziemt es, stets das Maul zu halten.